C.HOUDART 1971

CHARLES DIEHL

THEODORA
IMPÉRATRICE
DE BYZANCE

Troisième édition

THÉODORA

IMPÉRATRICE DE BYZANCE

CH. DIEHL

Correspondant de l'Institut

Chargé de cours à la Faculté des lettres de l'Université de Paris

THÉODORA

IMPÉRATRICE DE BYZANCE

PARIS

ÉDITION H. PIAZZA ET Cᵢₑ

EUGÈNE REY, LIBRAIRE

8, BOULEVARD DES ITALIENS, 8

INTRODUCTION

L'aventure de Théodora, impératrice de Byzance, qui des coulisses de l'Hippodrome monta sur le trône des Césars, a eu le privilège en tout temps de piquer la curiosité et d'exciter l'imagination. De son vivant, sa prodigieuse fortune étonna si fort les contemporains, que les badauds de Constantinople inventèrent pour l'expliquer les plus incroyables histoires, tout ce lot de commérages que Procope, dans l'Histoire Secrète, a soigneusement ramassés pour la postérité. Après sa mort, la légende s'empara d'elle davantage encore : Orientaux et Occidentaux, Syriens, Byzantins et Slaves embellirent à l'envi de détails romanesques sa romanesque destinée ; et grâce à cette tapageuse renommée, de nos jours même, seule parmi tant de princesses qui passèrent sur le trône de Byzance, Théodora demeure connue et presque populaire.

A Saint-Vital de Ravenne, dans l'abside solitaire où flamboient les mosaïques d'or, plus d'un visiteur s'essaye à déchiffrer l'énigme de son pâle et immobile visage. A Paris, où elle apparut, voilà vingt ans, sur les planches de la Porte-Saint-Martin, où, hier encore, elle reparaissait comme en une apothéose, elle pique également la curiosité des artistes et des auteurs dramatiques, des historiens et des indifférents même. Jadis, raconte Procope assez sottement, les honnêtes gens ae Constantinople s'écartaient d'elle avec soin quand ils la rencontraient sur leur route, de peur de se souiller à ce contact impur. Nous n'avons plus, en notre siècle, les mêmes craintes ni les mêmes préjugés : le léger parfum de scandale qui flotte autour de Théodora nous attirerait vers elle plutôt. Elle a tenté tour à tour le pinceau d'un Benjamin Constant et d'un Clairin, hanté l'imagination créatrice d'un Sardou, séduit la fantaisie géniale d'une Sarah Bernhardt. Il n'y a pas longtemps, pour la faire revivre à nos yeux en un cadre digne d'elle, on prodiguait toutes les magnificences de la mise en scène la plus attentive et la plus somptueuse, et ce fut pendant huit jours un sujet de conversation « très parisien » de discuter la vertu de Théodora.

Est-ce à dire pourtant que nous connaissions très exactement cette impératrice fameuse, en qui tant de gens ne voient qu'une illustre coureuse d'aventures ? Et faut-il croire qu'elle serait, si elle pouvait parler, pleinement satisfaite de certains traits un peu bien romanesques dont on a, jadis comme aujourd'hui, orné trop souvent son portrait ? Je n'en suis pas entièrement assuré. Il y a deux Théodora, celle de l'Histoire Secrète, et celle de l'histoire, sans épithète. La première est la plus connue, et son aventure, à bien prendre les choses, est banale, pour peu qu'on lui retire cette grandeur de perversité presque épique, dont Procope l'a entourée : histoire de danseuse qui, ayant beaucoup vécu, a cherché un établissement durable, et ayant trouvé un homme sérieux, s'est rangée dans le mariage et dans la dévotion. Cette Théodora, chez Ludovic Halévy, s'appelle Virginie Cardinal. Il y en a une autre, que l'on connaît moins, et qui est tout autrement intéressante et curieuse ; une grande impératrice, qui tint aux côtés de Justinien une place considérable et qui joua souvent dans le gouvernement un rôle décisif, une femme d'esprit supérieur, d'intelligence rare, de volonté énergique, une créature despotique et hautaine, violente et passionnée, compliquée et souvent déconcertante, mais séduisante toujours infiniment.

Cette remarque faite, j'ai hâte d'ajouter que je n'éprouve, on le peut croire, nul désir, trop voisin du paradoxe, de peindre ici, contre toute vraisemblance, Théodora très honnête et très vertueuse. J'ai fait, on le verra, tout en les accompagnant des réserves nécessaires, large place en ce livre aux anecdotes pittoresques de l'Histoire Secrète, et je suis si loin de leur refuser crédit, qu'il me semble au contraire qu'on peut de leur attentive étude dégager, plus complètement qu'on ne l'a fait encore, la psychologie de Théodora au temps de son orageuse jeunesse. Mais il faut bien se rendre compte qu'il n'y a pas que l'Histoire Secrète. On a, en ces dernières années surtout, retrouvé d'autres documents, assez nouveaux, qui permettent de dessiner plus pleinement la figure de la célèbre souveraine. Outre la biographie, récemment découverte, qu'un pieux moine du neuvième siècle écrivit de Théodore, abbé de Chora, qui fut le propre oncle de Théodora, les Vies des bienheureux Orientaux, que raconta vers le milieu du sixième siècle un des familiers de l'impératrice, l'évêque Jean d'Ephèse, des fragments inédits de la grande Histoire ecclésiastique composée par le même auteur, la chronique anonyme mise sous le nom de Zacharie de Mytilène, d'autres ouvrages, et pareillement contemporains, comme les biographies du patriarche Sévère et de

Jacques Baradée, l'apôtre des monophysites, ont été publiés ou traduits d'après les manuscrits syriaques où ils dormaient oubliés, et ils éclairent d'assez curieuse façon le rôle que joua Théodora dans les choses de la religion et de la politique. On y peut joindre d'autres écrivains, plus anciennement connus, mais assez rarement consultés, tels que Jean Lydus ou les fragments nouveaux de Malalas, sans parler des Novelles impériales, dont la fatigante verbosité, si pleine d'enseignements pourtant, a rebuté bien des courages, et de Procope lui-même qui a laissé, heureusement pour nous, d'autres ouvrages encore que l'Histoire Secrète. Et de tout cela, si l'on veut prendre la peine de le lire attentivement, certains faits se dégagent, qui montrent les personnages du siècle de Justinien sous un jour un peu différent peut-être de celui où ils nous sont d'ordinaire représentés.

Si j'insiste sur ces choses, ce n'est point, on le pense, pour le vain plaisir de faire un inutile étalage d'érudition. On ne trouvera au bas des pages de ce livre ni notes ni citations : c'est l'histoire pittoresque, anecdotique de Théodora qu'on s'est principalement proposé d'y écrire. Mais cette histoire, qu'on s'est efforcé de faire vivante et, s'il se peut, amusante, n'en est pas moins une histoire vraie. Je supplie le lecteur de me faire la grâce de croire que chaque fait rapporté s'appuie sur des témoignages précis, que les hypothèses mêmes que je me suis parfois permises pourraient, s'il en était besoin, se démontrer scientifiquement [1].

1. On me permettra, pour le détail des choses et l'étude complète de l'époque, de renvoyer le lecteur au grand ouvrage que j'ai publié sous ce titre : *Justinien et la civilisation byzantine au sixième siècle* (Paris, Leroux, 1902).

Ce n'est point en un mot le roman de Théodora que j'ai voulu conter : d'autres l'ont fait, et fort brillamment. Mais en tâchant de reconstituer les milieux successifs où elle vécut, l'Hippodrome turbulent où se passa son orageuse jeunesse, le Palais cérémonieux et magnifique où régna son ambitieuse maturité, l'Eglise pittoresque et troublée dont le souci l'occupa jusqu'à sa pieuse mort, en esquissant les figures des personnages principaux qui vécurent autour d'elle, de son mari Justinien, de ses favoris Pierre Barsymès ou Narsès, de sa confidente Antonine, de ses adversaires Jean de Cappadoce ou Bélisaire, de ses protégés Anthime ou Sévère, Jean l'Egyptien ou Jacques Baradée, il m'a semblé qu'on pouvait faire revivre, dans son cadre vrai et sa réalité historique, l'énigmatique et complexe créature que fut Théodora.

Sans doute, dans cette étrange existence de danseuse passée impératrice, dans ce caractère ondoyant et multiforme de courtisane devenue, par son intelligence et par son ambition, le plus éminent des hommes d'Etat, il subsistera toujours une part d'inconnu et de mystère, et je ne me flatte point d'avoir résolu toutes les incertitudes et dissipé toutes les obscurités. Mais, quoi qu'il en soit, la femme vraiment supérieure qui, après avoir su charmer le peuple et conquérir Justinien, régna pendant vingt ans en maîtresse sur Byzance, méritait d'être connue autrement et mieux que par des commérages de pamphlétaire ou de contestables légendes, nées d'une trop tapageuse célébrité. Non que je veuille, encore une fois, tenter ici une réhabilitation de Théodora. C'est là, en histoire, une entreprise où il entre toujours quelque part d'erreur et de ridicule. Et aussi bien, telle qu'elle fut, actrice applaudie, courtisane fameuse, avant d'être la souveraine absolue du plus grand empire de *son temps, Théodora fait mieux sentir tout le pittoresque attrait du monde si curieux où elle vécut, tout l'intérêt puissant que pourrait offrir, pour l'étude de cette société disparue, ce dont j'ai tenté ici de donner un exemple : une série de portraits d'impératrices byzantines.*

THÉODORA LA DANSEUSE

PREMIÈRE PARTIE

THÉODORA LA DANSEUSE

I

LES DÉBUTS DE THÉODORA

Vers les premières années du sixième siècle, Théodora, mime et danseuse, remplissait Constantinople de sa tapageuse célébrité.

D'où elle sortait, on ne sait trop. Parmi les chroniqueurs postérieurs, d'aucuns la font naître à Chypre, au pays passionné et brûlant d'Aphrodite ; d'autres, avec plus de vraisemblance, lui donnent la Syrie pour patrie. Quoi qu'il en soit, tout enfant elle vint à Byzance avec les siens et c'est dans la capitale tumultueuse et corrompue de l'empire qu'elle grandit et fut élevée. Mais, par un phénomène d'atavisme assez remarquable, toute sa vie elle garda l'empreinte et l'amour de son pays d'origine : tandis que Justinien, né dans les rudes montagnes de la haute Macédoine, était profondément pénétré de l'esprit romain, Théodora demeura toujours une pure Orientale, imbue de toutes les idées, de toutes les croyances, de tous les préjugés de sa race.

De quelle famille elle était issue, on ne le sait guère mieux. La légende, par une sorte de respect du rang impérial où elle s'éleva, lui fabriqua plus tard une généalogie illustre, ou du moins présentable, et lui donna pour père un sénateur bien posé et bien pensant. Au vrai, sa naissance paraît avoir été plus humble. Son père, s'il en faut croire l'*Histoire Secrète*, était un pauvre homme nommé Acacios, qui de sa profession était gardien des ours à l'amphithéâtre ; sa mère était une femme peu sévère, comme il s'en trouvait beaucoup dans ce monde assez mêlé des coulisses et du cirque. De ce ménage d'artistes, trois filles naquirent : Comito, Théodora, Anastasie ; la seconde, la future impératrice, vint au monde probablement vers l'an 500 environ.

Les vieux habitués de l'Hippodrome se souvenaient encore des circonstances où, pour la pre mière fois, Théodora parut en public. Acacios était mort, laissant en grande détresse sa veuve et ses trois filles, dont l'aînée n'avait pas sept ans. Pour conserver l'emploi du défunt, seul gagne-pain de la famille, la mère ne vit d'autre moyen que de se mettre avec un autre homme qui, recueillant la succession du gardien des ours, prendrait soin tout ensemble de la maisonnée et des animaux. Mais, pour que la combinaison réussît, il fallait l'agrément d'Astérios, le régisseur en chef de la faction verte et Astérios avait reçu de l'argent pour favoriser un autre candidat. Pour triompher de cette mauvaise volonté évidente, la mère de Théodora se flatta d'intéresser le peuple à sa cause, et un jour que la multitude était rassemblée au cirque, elle parut dans l'arène poussant devant elle ses trois fillettes couronnées de fleurs, et qui tendaient vers la foule leurs petites mains suppliantes. Les Verts ne firent que rire de cette touchante prière ; heureusement l'autre faction du cirque, celle des Bleus, toujours empressée à faire pièce à ses adversaires, se hâta d'accueillir la requète que ceux-ci repoussaient, et d'accorder à la famille d'Acacios un emploi pareil à celui qu'elle perdait. Tel fut le premier contact de Théodora avec ce peuple qu'elle devait plus tard charmer,

puis gouverner : jamais elle n'en perdit la mémoire, et l'impératrice fit durement expier aux
Verts l'injurieuse indifférence avec laquelle ils
avaient jadis repoussé ses supplications d'enfant.

Ainsi Théodora grandit, avec ses sœurs, sous
la surveillance d'une mère assez dépourvue de
scrupules, dans le monde assez interlope qui
fréquentait les coulisses de l'Hippodrome, et
ainsi elle se trouva tout naturellement préparée
à sa future destinée. La veuve d'Acacios, femme
pratique, voyant ses filles jolies, successivement
les poussa au théâtre. Comito donna l'exemple
et réussit brillamment ; Théodora suivit. De
bonne heure elle accompagna sa grande sœur
sur les planches, jouant auprès d'elle des rôles
de petite femme de chambre ; elle l'accompagua
surtout dans les réunions mondaines, où l'on
appréciait fort la béauté de l'actrice ; et mêlée
ainsi très jeune à une société de viveurs fort
corrompus, elle subit, dans la promiscuité des
antichambres, bien des contacts impurs et d'in-
discrètes familiarités. Quand elle fut à son tour
en âge de monter sur la scène, elle chercha
donc logiquement la fortune là où le reste de sa
famille l'avait rencontrée.

Elle était fort jolie. Ses panégyristes affirment
qu'elle était d'une beauté souveraine, si rare que

ni les paroles ni les œuvres d'art ne la sauraient pleinement exprimer. Ses détracteurs mêmes reconnaissent qu'elle était, dans sa petite taille, d'une grâce incomparable, et que son charmant visage, au teint mat un peu pâle, s'éclairait de grands yeux pleins d'expression, de vivacité et de flamme. De ce charme tout-puissant par où elle devait faire tant de conquêtes, il reste bien peu de chose dans le portrait officiel qu'on voit à Saint-Vital de Ravenne. Sous le long manteau impérial, la stature paraît plus rigide et plus haute ; sous le lourd diadème qui cache le front, sous la perruque pesante qui laisse à peine deviner les cheveux noirs, le visage menu, délicat, avec son ovale un peu amaigri, son grand nez droit et mince, a une gravité solennelle, presque mélancolique ; un trait seul subsiste dans cette figure flétrie : ce sont, sous la barre sombre des sourcils qui se joignent, les beaux yeux noirs dont parle Procope, qui illuminent encore et semblent manger le visage. Si l'on veut donc aujourd'hui se faire quelque idée de ce qu'était en son éclat cette beauté célèbre, c'est ailleurs plutôt qu'il faudrait regarder, vers ces portraits où tels peintres modernes, un Clairin, un Benjamin Constant surtout, ont tenté de faire revivre l'image évanouie de Théodora et, s'inspirant heureusement de la mosaïque de Ravenne, ont rendu à la froide et immobile figure quelque chose du charme disparu.

Mais Théodora avait pour elle autre chose encore que sa beauté. Elle était intelligente, spirituelle, amusante ; elle avait une verve de cabotine, qu'elle exerçait volontiers aux dépens des actrices qui jouaient avec elle, un tour d'esprit plaisant et drôle, par lequel elle s'attachait invinciblement les plus volages de ses adorateurs. Elle n'était point toujours bonne, et son humeur railleuse ne reculait point devant le mot dur, s'il faisait rire ; mais elle savait aussi, quand elle voulait plaire, déployer une irrésistible puissance de séduction. Avec cela, entreprenante, audacieuse, effrontée, elle n'attendait pas que les hommages vinssent à elle, mais elle mettait à les provoquer ou à les encourager une hardiesse délurée et joyeuse ; comme elle avait enfin peu de sens moral — on voit mal au reste où elle l'eût appris — et par-dessus tout un rare et infatigable tempérament d'amoureuse, pour toutes ces raisons, elle réussit promptement, et ailleurs encore qu'au théâtre.

Elle fut donc actrice ; mais elle ne voulut point, comme tant d'autres, être joueuse de flûte, chanteuse ou danseuse ; elle aima mieux figurer dans les tableaux vivants, où elle pouvait déployer sans voiles une beauté dont elle était très fière, et dans les pantomimes, où son entrain et sa verve comique trouvaient occasion de se manifester librement. Les bons badauds de Constantinople, assez blasés pourtant en semblable matière, apprécièrent, dit-on, l'audace des 'exhibitions qu'elle risqua sur la scène, et l'ingéniosité des effets de théâtre, assez immodestes, par lesquels elle réveillait l'attention des spectateurs ; et le peuple applaudissait à tout rompre quand elle se présentait devant lui, dévêtue plus qu'aux trois quarts, offrant son beau corps aux excitantes caresses de ses oiseaux familiers. On ne goûtait pas moins la grâce mutine avec laquelle, dans ces pantomimes grossières où les coups pleuvaient comme grêle, elle savait recevoir les soufflets et faire des mines rieuses sous l'orage. Mais dans l'intimité surtout ses succès étaient prodigieux.

Pour reprendre la pittoresque expression du grave historien Gibbon, sa charité était universelle ; aussi fut-elle bien vite célèbre dans Byzance par les folies de ses soupers, la hardiesse de ses propos et la multitude de ses amants. Elle tenait assurément plus à faire admirer sa beauté que sa réserve. Tantôt, à peine sortie de scène, elle esquissait dans les coulisses, en costume fort léger, des façons de « danse du ventre » devant ses camarades et ses familiers émerveillés, et elle était très fière de la maëstria qu'elle apportait à cet exercice. Tantôt, dans le relâchement des fins de souper, elle risquait d'invraisemblables propos et des attitudes plus invraisemblables encore, et il faudrait ici le grec de Procope pour dire quelle fougue ingénieuse et savante elle portait dans ses plaisirs, bienveillante à tout venant, maîtres ou domestiques, et n'hésitant point à descendre à l'office quand on était un peu fatigué au salon. Elle avait, a dit d'elle un historien byzantin, l'esprit curieux et fertile en inventions : les anecdotes de l'*Histoire Secrète* montreraient, si on les pouvait conter en détail, que cette réputation était amplement justifiée. Il suffira de dire que, s'il fallait prendre à la lettre ces commérages, Messaline serait, auprès de Théodora, une personne d'exigences modestes et de mœurs presque recommandables, et d'ajouter qu'à ces jeux-là Théodora fut bientôt si parfaitement compromise, que les honnêtes gens qui la croisaient dans la rue s'écartaient d'elle, de peur de se souiller à ce contact impur, et que le seul fait de la rencontrer était considéré comme un mauvais présage.

Je ne sais si Théodora s'inquiétait beaucoup de l'opinion publique : mais à courir ainsi les aventures, elle éprouva d'autres désagréments qui lui furent plus sensibles. Malgré l'attention qu'elle apportait à éviter un si fâcheux accident, il lui arriva d'être enceinte, et toutes les tentatives qu'elle fit pour se débarrasser avant terme de sa malencontreuse progéniture demeurèrent sans effet. Elle eut donc un fils, qui fut appelé Jean; mais à cet enfant gênant elle fit un si froid accueil, elle se plaignit si vivement des entraves qu'il allait apporter à sa carrière, que le père jugea peu prudent de lui en confier le soin : et comme à ce moment même il était obligé de partir pour l'Arabie, soit comme fonctionnaire, soit pour d'autres motifs, il aima mieux emmener son fils que de le laisser à Théodora. L'enfant devait plus tard reparaître et causer à l'impératrice quelques ennuis; pour le moment, la courtisane fut ravie d'en être délivrée. La leçon pourtant ne lui profita guère : nous savons avec certitude qu'elle eut encore une fille, dont elle paraît au reste s'être occupée avec plus de sollicitude.

C'était vers 517. Au moment où, par sa beauté, son esprit, son entrain au plaisir, elle était devenue l'une des étoiles du demi-monde byzantin, Théodora n'avait pas dix-huit ans.

II

LE SPORT ET L'HIPPODROME

A BYZANCE

C'était une ville étrangement corrompue
que cette Constantinople du commencement du
sixième siècle, où Théodora venait de faire ces
débuts éclatants. La prostitution s'y étalait à ciel
ouvert; les maisons louches envahissaient la cité
entière et s'installaient jusque dans l'ombre vénérable des églises et des monastères; pour fournir
aux plaisirs de la capitale, les *lenones* s'en allaient
par tout l'empire recruter des malheureuses
qu'ils alléchaient par de flatteuses promesses de
beaux habits et de bijoux somptueux; et il arrivait que des enfants de moins de dix ans même
dévinssent les victimes de ces misérables. A ces

sollicitations, beaucoup de femmes, esclaves ou libres, cédaient, et désormais prisonnières de leurs corrupteurs, souvent même engagées par contrat à ne point quitter le métier auquel elles s'étaient condamnées, elles remplissaient Byzance de leurs scandales et de leur impudicité. Ce n'est pas tout. Les mœurs infâmes, les vices contre nature, se manifestaient presque en plein jour : Constantinople rappelait Sodome. Les âmes pieuses, qui craignaient la juste colère de Dieu, ne s'inquiétaient pas moins de l'impiété, des blasphèmes et de la fureur du jeu. On jouait partout, jour et nuit, dans les lieux publics et privés ; des parties énormes s'engageaient, où s'engloutissaient des fortunes, et le mal était si universel que les gens d'Eglise eux-mêmes en étaient atteints. Des prêtres fréquentaient les maisons de jeux, jetant des regards cupides sur les sous d'or qui roulaient, souillant en des contacts impurs leurs mains, leurs yeux et leurs oreilles. Mais l'Hippodrome surtout et le théâtre étaient la grande école de corruption.

« Il faut, disait Justinien, des spectacles pour amuser le peuple. » L'un des grands soucis du gouvernement était donc de fournir, par l'éclat des pompes et des fêtes, un perpétuel aliment à la curiosité populaire. Courses de chars, chasses d'animaux, combats d'hommes et de bêtes féroces, représentations théâtrales, parmi lesquelles le peuple goûtait surtout les farces, les ballets et les pantomimes, exercices d'acrobates et drôleries de bouffons se succédaient sans cesse pour le plaisir de la multitude. Sept jours de fêtes ininterrompues marquaient le commencement de l'année nouvelle, et l'un d'eux portait le nom, bien curieux et significatif, de *jour des prostituées*. Sans cesse de nouvelles magnificences appelaient la plèbe au théâtre ou au cirque, et Justinien ne trouva point de meilleur moyen, pour gagner les bonnes grâces de la foule, que de faire combattre en même temps dans l'amphithéâtre vingt lions et trente léopards, de distribuer aux vainqueurs des courses des chevaux richement caparaçonnés, d'offrir au peuple un festin prodigieux, et de dépenser en trois jours un peu plus de quatre millions.

Tout Byzance fréquentait au théâtre ou à l'Hippodrome, la jeunesse dorée comme la plèbe, les prêtres aussi bien que les laïques ; et quoique l'usage interdît aux femmes honnêtes de s'y montrer, elles n'étaient pas, bien qu'à distance, moins passionnées que leurs maris de tout ce qui touchait aux courses, aux chevaux et aux cochers. Jamais peuple, pas même le peuple romain, ne s'est plus pleinement que les Byzantins du sixième siècle intéressé aux choses de l'Hippodrome. Les cochers vainqueurs sont les rois du jour : l'empereur en personne se fait gloire de les complimenter ; l'administration leur élève des statues, les beaux esprits de la capitale s'ingénient à célébrer en petits vers leurs mérites éclatants ; les gens les plus graves déclarent que sans eux la vie serait sans joie ; la multitude se passionne et se partage selon la couleur de leur casaque. Verts et Bleus se sont, pendant des siècles, injuriés et battus en leur honneur, comme s'il s'était agi de sauver la patrie en danger.

On conçoit quel personnel innombrable était nécessaire pour la célébration de ces jeux. Il fallait des poètes pour composer les vers qu'en certains jours les factions chantaient en l'honneur de l'empereur, des *mélistes* pour les mettre en musique, des organistes pour les accompagner, des chefs d'orchestre pour les faire exécuter ; il fallait des employés pour maintenir l'ordre dans le cirque, des gardes des barrières pour les abaisser au départ, des préposés au vestiaire qui veillaient à la conservation des casaques et des couronnes d'or des cochers ; il fallait des danseurs, des mimes, des acrobates, des saltimbanques pour les intermèdes, des gardiens d'écuries, des gardiens des bêtes, des costumiers et des habilleuses ; il fallait enfin et surtout des cochers. Tout un peuple grouillait dans les coulisses et aux alentours de l'Hippodrome, compagnie naturellement fort mêlée, où se glissaient nombre d'aventuriers et de viveurs, dans l'espoir de trouver là quelque occasion de plaisir ou de profit. Et comme la meilleure société de la capitale tenait à honneur d'appartenir à l'une ou l'autre des deux grandes sociétés, sortes de *Jockey-Club*, qui avaient pour but d'organiser les courses, le monde le plus élégant se rencontrait aussi dans les coulisses du cirque, étrangement confondu avec cette foule interlope de cochers, de clowns, de souteneurs et de prostituées.

Le cirque était l'ordinaire objet des conversations mondaines : tout Constantinople s'entretenait du cocher favori, de l'actrice à la mode, et pariait sur les prochaines courses. Les gens les plus sérieux ne dédaignaient pas de discuter sur l'origine des jeux et des couleurs que portaient les cochers, d'en rechercher le sens symbolique, de déterminer la signification prophétique qu'avait la victoire de chaque parti. Chacun savait que, le vert signifiant la terre, le triomphe de cette couleur présageait une année fertile, et que le bleu symbolisant la mer, le succès de cette couleur annonçait des navigations paisibles : et naturellement, les agriculteurs tenaient pour le vert, les marins pour le bleu.

Le cirque donnait le ton à la mode. Les jeunes élégants qui étaient les habitués de l'Hippodrome avaient, pour se distinguer du commun, adopté, comme chez nous les muscadins du Directoire, un costume particulier et des façons excentriques. Ils portaient, à la manière des Perses, la barbe entière et les moustaches très longues ; comme les Huns, ils rasaient leurs cheveux sur le devant de la tête et les laissaient par derrière retomber en longues boucles sur les épaules. Ils arboraient des tuniques aux manches très étroites sur le poignet, largement bouffantes aux épaules, se flattant de donner ainsi, lorsque au théâtre ou au cirque ils levaient les bras pour applaudir, l'illusion de robustes biceps et de doubles muscles vigoureux ; ils s'habillaient de braies et de chaussures à la façon hunnique, d'amples manteaux richement brodés ; et ainsi accommodés, portant à la ceinture de courtes épées à deux tranchants, ils couraient Constantinople la nuit, attaquant et molestant les passants paisibles, les dépouillant de leurs bijoux et de leurs vêtements, et parfois les assassinant, quand ils faisaient mine de vouloir se plaindre. Le parti bleu, bien en cour depuis la mort de l'empereur Anastase et l'avènement d'une nouvelle dynastie, avait le premier mis à la mode ces aimables amusements : et comme ni la police ni la justice n'étaient intervenues pour arrêter des méfaits dont les Verts, adversaires du gouvernement, étaient généralement les victimes, l'impunité assurée aux coupables avait enflammé l'ardeur de tout ce qu'il y avait de coupeurs de bourses et de malandrins dans les bas-fonds de la capitale ; et comme enfin les Verts, sans cesse malmenés et nullement protégés, organisèrent à leur tour des bandes pour se défendre, l'ordre et la sécurité disparurent bien vite de Constantinople.

Bientôt les gens tranquilles n'osèrent plus sortir la nuit ; les gens riches, pour éviter d'être attaqués, ne portèrent plus que des vêtements de pauvres et des bijoux de pacotille. Cependant la terreur régnait. On ne s'inquiétait plus maintenant si l'on avait affaire aux Verts ou aux Bleus : les débiteurs profitaient du désordre pour se faire donner quittance par leurs créanciers, les esclaves pour se faire affranchir par leurs maîtres, les fils pour soutirer de l'argent à leurs pères, les amants pour enlever leurs maîtresses, les viveurs pour satisfaire leurs caprices. Avait-on quelque ennemi, aisément on trouvait pour s'en débarrasser des meurtriers à gages ; on tuait des gens jusque dans les églises, au milieu de l'office, plus d'une fois sans même savoir pourquoi ; abattre d'un seul coup un homme sans défense était devenu un sport fort goûté et passait pour une preuve de force et de courage. Et comme la police, quand elle se décidait à agir, ne frappait jamais que les Verts, comme les juges, tremblant pour leur vie s'ils négligeaient les ordres des factions, en oubliaient toute équité, naturellement les incidents s'aggravaient chaque jour. Un jour, à l'une des échelles de Byzance, une jeune femme s'embarquait avec son mari pour passer sur la côte d'Asie ; quelques jeunes gens, la trouvant jolie, se mirent à sa poursuite et, l'ayant rejointe, l'obligèrent de force à passer dans leur barque. Vainement le mari protestait, on lui répondit par des huées. Pour sauver son honneur, la malheureuse n'eut d'autre ressource que de se jeter au Bosphore, sous les yeux de son époux impuissant et désespéré : elle s'y noya. Plus d'une dut recourir à des partis aussi tragiques, sans que jamais les survivants pussent obtenir justice.

C'est qu'il fallait un réel courage aux fonctionnaires pour agir contre des coupables, que protégeaient à la cour de puissantes influences. Le préfet de la ville, Théodote, en fit l'expérience à ses dépens. Un certain Hypatios, personnage considérable, avait été assassiné dans Sainte-Sophie ; la ville était profondément troublée. Or, à ce moment, le neveu du basileus, Justinien, l'ordinaire défenseur des Bleus, était fort gravement malade ; les plaignants trouvèrent donc par exception accès chez l'empereur, et celui-ci ordonna au préfet de sévir. Théodote ne se le fit point répéter ; il fit arrêter bon nombre de malfaiteurs, en fit exécuter plusieurs, et parmi eux un certain Théodose Tzicca, fort riche et qui avait rang d'illustre. C'est ce qui perdit le préfet. Justinien, rétabli par miracle, ne songea qu'à venger ses amis ; par son influence, Théodote, traduit devant le sénat sous de calomnieux prétextes, fut destitué, exilé à Jérusalem, et finalement obligé d'entrer au cloître pour échapper au poignard des assassins acharnés à sa perte. Ainsi les querelles de l'Hippodrome créaient dans la ville un état de fermentation redoutable, qui devait, quelques années plus tard, se manifester en une véritable révolution.

Pendant ce temps, astrologues et charlatans, faiseurs de prédictions et diseurs de bonne aventure, nouvellistes et devins, achevaient de trou-

bler l'équilibre intellectuel et moral de la capitale. Un jour, à la porte d'Or, une femme, saisie
du délire prophétique, annonçait qu'avant trois
jours la mer, sortant de ses limites, allait noyer
l'univers sous un nouveau déluge ; et la foule,
saisie de panique, se ruait dans les églises, et
prosternée au pied des autels, attendait conster-
née la terrible catastrophe. D'autres fois, des
astrologues lisaient dans les cieux d'imminents
cataclysmes ; des devins égarés couraient par les
rues, comme poursuivis par d'invisibles fantômes,
et révélaient aux passants épouvantés que la fin
du monde était proche. Et le peuple tremblant,
croyant en leurs paroles, remplissait les basili-
ques de ses prières et de ses lamentations. Les
uns entraient au couvent, renonçaient à leur fortune et à leurs dignités ; d'autres offraient leurs
biens aux églises et se dépensaient en œuvres de
charité ; chacun voulait mourir en état de grâce,
et le désarroi durait parfois des semaines, sans
que l'empereur trouvât moyen de calmer une
terreur qu'il partageait. Les gens raisonnables, à
la vérité, estimaient qu'on aurait dû, sans autre
forme de procès, arrêter ces agitateurs qui troublaient la capitale de leurs impostures ; mais la
superstition était profonde, la crédulité universelle.

Les femmes, naturellement, étaient particulièrement accessibles au merveilleux. Pour retenir
leurs maris ou s'attacher leurs amants, elles
avaient moins confiance dans leur beauté ou leur
séduction que dans les philtres et les incantations
magiques. En cela, comme pour le reste, Théodora était de son temps : avec ses bonnes amies
Indaro et Chrysomallo, elle préparait des char-
mes, des boissons merveilleuses, qui devaient
lui assurer sur ses adorateurs un éternel et dia-
bolique pouvoir ; elle croyait aux démons, aux
magiciens, aux diseurs de bonne aventure, aux
interprètes de songes ; et, confiante dans l'avenir,
elle attendait sa destinée.

III

LES AVENTURES DE THÉODORA

Théodora aimait le plaisir ; elle aimait l'argent
aussi. Elle avait ramassé déjà une assez belle
fortune, quand il lui advint une fâcheuse aventure. Elle avait pour amant un Syrien du nom
d'Hécébolos, employé dans les services de l'administration impériale. Ce personnage, assez
considérable, fut nommé au gouvernement de la
Pentapole d'Afrique : Théodora se résolut à
l'accompagner dans sa province lointaine ; dès
ce moment sans doute elle était lasse des liaisons
passagères et cherchait un établissement plus
durable. Malheureusement le roman dura peu :
bien vite, on ne sait pour quelle cause, les amants
se brouillèrent ; brutalement, avec force injures,

Hécébolos chassa Théodora, et sans argent, manquant du nécessaire, la malheureuse dut, pendant quelque temps, dit-on, traîner la misère à travers tout l'Orient. On la vit à Alexandrie, à Antioche, ailleurs encore, exerçant partout, pour vivre, son triste et lucratif métier : comme si, dit Procope avec une prudhommesque et naïve gravité, le diable avait voulu que nul lieu du monde n'ignorât l'impudicité de Théodora. C'était environ vers 521.

Il semble bien que le séjour assez long que Théodora fit alors en Egypte et en Syrie eut dans sa vie une importance assez différente et plus considérable.

A ce moment, Alexandrie n'était pas seulement une grande ville de commerce, dont les marchands allaient jusqu'à Ceylan chercher les soies de la Chine, les épices et les pierreries de l'Inde, un entrepôt colossal d'où se répandaient par toute la Méditerranée les blés de la vallée du Nil et les produits du Levant. Ce n'était pas seulement une cité élégante et riche, facile et corrompue, terre d'élection des courtisanes fameuses, des Thaïs et des Chrysis. Depuis le quatrième siècle, la capitale de l'Egypte était une des capitales aussi du christianisme. Nulle part les luttes religieuses n'étaient plus

âpres, les disputes théologiques plus subtiles
et plus ardentes, le fanatisme plus excité ; nulle
part non plus le souvenir des grands fondateurs
de la vie cénobitique, des Antoine, des Pacôme,
des Schnoudi, des Sérapion, n'avait produit une
plus riche floraison de couvents, de mystiques et
d'ascètes. La banlieue d'Alexandrie était peuplée
de monastères, le désert de Lybie était si plein
de solitaires qu'il méritait d'être appelé « le
désert des saints ».

Au moment où Théodora y passa, l'Egypte
était plus troublée que jamais. C'était le temps
où l'empereur Justin, désireux de rétablir l'u-
nion avec Rome, avait déchaîné en Syrie la plus
atroce des persécutions. Tous ceux qui refusaient de souscrire aux croyances orthodoxes
proclamées par le concile de Chalcédoine, tous
ceux qui, à l'exemple d'Eutychès, n'admettaient
en Jésus qu'une seule nature, — on les nommait
pour cette raison les *monophysites*, — avaient
été frappés impitoyablement. Les chefs les plus
illustres de la secte, Sévère, le patriarche d'Antioche, Julien d'Halicarnasse, Jean de Tella, Pierre
d'Apamée, plus de cinquante autres évêques,
avaient été chassés de leurs sièges, anathémati-
sés, exilés : les communautés monastiques de
Syrie avaient été dispersées par la force, les

couvents fermés, les moines réduits à fuir, vio-
lentés, emprisonnés ou massacrés. Beaucoup de
ces victimes avaient cherché un asile en Egypte,
où le patriarche Timothée, confiant dans son
armée de moines fanatiques et dévoués, demeurait obstinément fidèle à la doctrine monophysite ; et d'Alexandrie, où il s'était réfugié, Sévère, l'homme le plus remarquable du parti, « le
rocher du Christ, comme le nomment ses contemporains, le gardien inébranlable de la vraie foi »,
entretenait, par la fougue de ses prédications
et l'ardeur de sa propagande, une agitation
puissante dans tout le monde oriental.

Dans les cavernes de la montagne libyque,
dans les couvents perdus au milieu du désert,
des hommes de haute naissance, des femmes
élégantes et délicates, enflammés d'un mystique
et puissant désir de solitude, de renoncement et
d'ascétisme, venaient chercher par centaines le
salut et l'oubli. Le bienheureux Thomas appartenait à une illustre famille ; il avait été élevé
comme un enfant de roi ; il avait de grands
biens, des richesses, des serviteurs en foule ; il
était, dit le naïf chroniqueur qui a célébré sa
sainteté, si magnifique et si ami du faste que
plus de dix fois par jour il se lavait le visage et
les mains. Quand le vent de la persécution souf-

fla sur la Syrie, il suivit en Egypte Maras, le
saint évêque d'Amida ; pour vivre, ce grand
seigneur travailla de ses mains, tressant avec
des feuilles de palmier des corbeilles qu'il ven-
dait ; pour faire son salut, cet élégant voulut
mourir au monde, et dans la caverne qu'il choisit pour retraite, il vécut des années, mortifiant
sa chair, priant sans cesse et pleurant ses péchés.
A la fin, son corps était noir, brûlé par le
soleil, et comme desséché ; de longs cheveux en
désordre hérissaient sa tête ; des haillons sordides le couvraient ; ses amis eux-mêmes le recon-
naissaient à peine. Mais Thomas était heureux :
« Qu'importe, disait-il, la ruine de ce corps
périssable, pourvu que l'âme, souillée de tant de
péchés, échappe à ce prix au feu éternel. »

Cæsaria la patricienne était, elle aussi, de
grande race, apparentée à la famille de l'empereur Anastase. Elle aussi avait abandonné sa
maison et ses biens pour aller à Alexandrie vivre
dans la retraite, et cette femme élevée dans le
luxe et la splendeur édifiait tout le monde par
sa piété et ses austérités. Elle s'abstenait même
de manger du pain, se contentant — et encore
tous les deux jours — de quelques légumes
grossièrement assaisonnés de sel et de vinai-
gre, et de quelques grappes de raisin ; elle

couchait dans un sac, étendue sur la terre nue.
Les prêtres eux-mêmes blâmaient l'excès de ses
macérations et l'engageaient à ajouter parfois, le
dimanche, un peu d'huile à ses aliments ; ils lui
faisaient craindre que la maladie ne la rendît
trop tôt incapable de remplir ses devoirs religieux. Mais Cæsaria répondait : « Je voudrais
que Dieu me donnât d'être, durant ma vie entière, malade dans mon corps, pourvu que mon
âme fût sauvée » ; et elle s'obstinait dans la pé-
nitence. Fort instruite, elle lisait jour et nuit les
écrits des Pères, et volontiers elle discutait sur
les questions de morale et de dogme, très humble devant les plus modestes moines, avide de recevoir de leur bouche l'écho de la parole divine.
Mais surtout, elle aspirait à fuir le monde, à
vivre au désert, et elle était toute triste lorsque
ses conseillers lui objectaient son âge et sa faiblesse. Et pendant quinze ans elle édifia Alexandrie par sa piété, ses œuvres charitables, son
humilité ; dans le monastère qu'elle avait fondé,
elle voulut être la dernière des sœurs, donnant
à toutes l'exemple de la modestie et de la soumis-
sion.

Beaucoup d'autres vivaient ainsi. Maras le solitaire s'était de bonne heure entraîné à l'ascétisme,
jeûnant, veillant, priant sans cesse, accordant

à la nature une heure à peine ou deux de repos.
Quand la neige atteignait presque la hauteur
d'un homme, il s'en allait, les pieds nus, couper
du bois sur la montagne et on pouvait le suivre
aux traces du sang qui coulait de ses blessures.
Finalement, pour échapper aux représentations
des siens, il s'en vint en Egypte et se mettant à
l'école des plus illustres solitaires, là encore il
excita par la sublimité de ses mœurs l'admiration
universelle. Mais les femmes surtout étaient incomparables. La bienheureuse Suzanne refusait
les aliments les plus communs, demandant qu'on
lui apportât seulement une cruche d'eau tous
les dimanches et tous les deux jours un peu de
pain, et elle passait des années au désert, soute-
nant contre les démons des luttes formidables,
et toujours victorieuse, à ce point que les dia-
bles criaient qu'elle n'était point une femme, et
qu'elle avait une pierre au lieu de cœur, du fer
en place de chair. Le visage toujours enveloppé
de voiles, qui laissaient à peine voir le bout de
son nez, elle ne voulait apercevoir nul visage
humain ni induire elle-même personne en tentation : elle disait à ceux qui la venaient visiter la
faiblesse de la chair, la vanité du monde, les
menaces du terrible jugement de Dieu ; elle guérissait les corps et réconfortait les âmes, exaltant

le courage des solitaires ses voisins, leur communiquant, en femme forte, l'exemple de son zèle et de ses vertus.

De toutes parts, les gens pieux venaient au désert des saints solliciter leurs conseils, leurs prières et leurs bénédictions, s'édifier au spectacle de leurs austérités, s'entretenir avec eux des mystères sacrés. D'autres accouraient vers Sévère, le patriarche exilé d'Antioche, dont la science théologique et l'éloquence étaient universellement célébrées. Les femmes surtout subissaient l'ascendant irrésistible du prélat : Cæsaria la patricienne était une de ses pénitentes et dirigeait sa conscience d'après ses avis.

Dans la détresse morale où elle se trouvait, Théodora ne demeura point insensible à l'influence du milieu où l'avaient jetée les événements. Durant son séjour à Alexandrie, elle entra en relation avec le patriarche Timothée, et l'évêque semble avoir exercé sur elle une action profonde ; elle l'appelait plus tard son père spirituel, et à voir ce titre d'honneur qu'elle réserve à lui seul, on peut se demander sans invraisemblance si, grâce à ce prêtre, la courtisane repentante ne naquit point, au moins momentanément, à une vie plus chrétienne et plus pure. Elle fréquenta également Sévère d'Antioche, et c'est à

ses leçons sans doute qu'elle prit cette connais-
sance des questions religieuses dont elle devait
plus tard donner tant de preuves. En tout cas,
elle garda toute sa vie au grand docteur monophysite un fidèle et respectueux attachement,
une admiration sans bornes. Si de bonne heure
elle apparut comme la protectrice naturelle des
dissidents persécutés, « comme l'impératrice
suscitée par Dieu, selon le mot d'un contemporain, pour soutenir les affligés contre les rigueurs
de la tempête » ; si elle mit ouvertement son
crédit au service de Sévère et de ses amis, les
recevant au palais, favorisant leur propagande,
s'efforçant d'imposer leurs idées à Justinien ; si
elle se jeta avec tant d'ardeur dans les controverses théologiques de son temps, ce ne fut point
seulement, on le verra, par esprit politique, par
un sens très juste et très fin des nécessités du
gouvernement ; ce fut sans doute aussi par un
souvenir de la crise religieuse qu'elle avait traversée à Alexandrie, par une tendre reconnaissance pour les hommes qui avaient accueilli,
instruit, relevé la courtisane perdue.

Mais Théodora était femme, partant mobile
autant que passionnée ; elle était ambitieuse
aussi, avide de refaire sa situation et sa fortune.
A Antioche, où elle alla en quittant l'Égypte,

dans la grande ville syrienne où le goût des fêtes, l'amour du luxe et du bien-être, les rivalités incessantes du cirque et du théâtre formaient le train ordinaire de la vie, elle semble avoir fréquenté moins les églises que les coulisses de l'Hippodrome, et la compagnie des prêtres moins que la société des diseuses de bonne aventure. Une danseuse, Macédonia, appartenant comme elle à la faction des Bleus, s'intéressa à elle, consola sa détresse, lui promit pour l'avenir de brillantes destinées. Doucement, Théodora se laissait bercer à ces espérances : et la nuit elle rêvait que, revenue à Constantinople, elle allait devenir la favorite du prince des démons, qu'elle réussissait à se faire épouser par lui, et qu'elle posséderait désormais toutes les richesses du monde.

La bonne Macédonia connaissait, paraît-il, Justinien, et, ayant eu l'occasion de lui rendre des services, elle avait à la cour quelque crédit. En usa-t-elle pour recommander à l'héritier présomptif de l'empire son amie Théodora ? Je ne sais. Il semble en tout cas qu'en rentrant à Byzance, sur le théâtre de ses premiers exploits, Théodora, assagie, mûrie, lasse de sa vie errante et de ses folles aventures, désireuse aussi peut-être de se fixer en quelque établissement définitif, s'appliqua, sincèrement ou non, à mener la vie la plus retirée et la plus chaste. Une tradition, qui au onzième siècle encore avait cours dans la capitale, affirme qu'à son retour d'Asie, elle habitait, correcte et discrète, une modeste petite maison, gardant le logis et filant de la laine, comme les matrones du bon vieux temps romain. La légende ajoute que plus tard, devenue impératrice, Théodora, loin de chercher à faire oublier cette partie de sa vie, voulut au contraire en perpétuer le souvenir. Sur l'emplacement du portique, où de ses mains elle avait filé pour vivre, de la maisonnette qui l'avait abritée humble et pauvre, elle fit élever une église en l'honneur de saint Pantéléimon. Le nom de ce saint signifie le miséricordieux : il méritait ce titre, si c'est à sa protection que Théodora dut de rencontrer Justinien.

IV

THÉODORA ET JUSTINIEN

Au moment où Justinien rencontra Théodora,
vers l'an 522 sans doute, le futur maître de
l'empire était un homme de trente-huit à quarante ans. Avec son teint clair et fleuri, ses cheveux bouclés et sa fine moustache qui déjà commençait à grisonner, sa tournure élégante et sa
taille bien prise, il avait fort bonne mine ; ses
façons obligeantes, son ton aimable et doux, la
grâce simple de son accueil achevaient de le rendre sympathique et séduisant. Il était bien élevé,
fort riche ; en outre, grâce à l'intrigue de palais qui avait mis son oncle Justin sur le trône,
il était dès ce moment l'un des premiers person-

nages de l'Etat. Revêtu des titres de comte et
de patrice, commandant en chef des troupes qui
formaient la garnison de Constantinople, il venait d'occuper avec un extraordinaire éclat la
charge de consul, et chaque jour la bienveillance
du souverain l'approchait davantage des marches du trône. C'était pour une Théodora une
belle conquête à faire.

Ambitieux et habile, Justinien semblait surtout
occupé à pousser sa fortune. Il avait su, non sans
quelque perfidie, écarter les rivaux qui pouvaient
gêner sa route, et, non moins adroitement, se
concilier la faveur de toutes les classes de la
société byzantine. Très dévot, et sévèrement
orthodoxe, il s'était par le zèle de sa piété fait
bien venir de l'Église ; par son faste et ses prodi-
galités, il était l'idole de la multitude ; il plaisait
enfin au sénat et à l'aristocratie. Comme il avait
par surcroît une réelle expérience des affaires,
une capacité de travail prodigieuse, un attentif
souci des choses de l'administration, son crédit
était grand chez l'empereur, et il passait à juste
titre pour être, bien plus que le vieux et médiocre
souverain, le chef véritable du gouvernement.
Très calme, très maître de lui en apparence, de
volonté assez despotique, il semblait avoir l'esprit
mûr, le caractère formé. Cet homme sérieux, ce

politique, ce diplomate, s'éprit follement de Théodora.

Cette liaison, qui devait finir par un mariage, a paru aux contemporains si étrange, si surprenante, qu'ils ont pour l'expliquer fait appel au merveilleux et attribué à des philtres et à des pratiques magiques l'influence que Théodora prit vite sur son amant. Il n'est point besoin vraiment de tant compliquer les choses. Justinien était, dit-on, de complexion fort amoureuse; surtout, sous des dehors très absolus, il cachait une âme indécise et faible, prompte à subir l'ascendant de toute volonté énergique et forte. Théodora était jolie, remarquablement intelligente; elle avait une grâce aisée, une humeur spirituelle et plaisante qui retenaient auprès d'elle ses plus mobiles adorateurs; surtout, elle avait l'esprit lucide et ferme, et tout atteste en elle une nature décidée, autoritaire et passionnée. Du premier coup, le prince fut pris tout entier: jusqu'au jour où Théodora mourut, il devait lui garder fidèlement la passion sans bornes dont jeune elle l'avait enflammé. Elle était pour lui, selon le mot d'un historien de l'époque, « le charme le plus doux »; elle était, comme il se plaisait à le proclamer lui-même, en jouant sur le nom de Théodora, « son présent de Dieu ». Aussi, éperdument amoureux, ne refusa-t-il rien à ses exigences. Elle aimait l'argent : il la combla de richesses. Elle était friande d'honneurs et de considération : il obtint pour elle de la faiblesse de son oncle la haute dignité de patricienne. Elle était ambitieuse, avide d'influence : il se laissa gouverner par ses conseils, se fit le serviteur docile de ses sympathies et de ses rancunes. De sa jeunesse passée à l'Hippodrome, elle avait tenacement gardé la haine du parti vert : Justinien, pour lui plaire, se fit, jusqu'au scandale même, le protecteur des Bleus. De ses voyages, de son séjour à Alexandrie, elle avait conservé une tendre reconnaissance pour les monophysites persécutés : Justinien, pour lui plaire, consentit à relâcher la rigueur de son orthodoxie et s'employa pour les dissidents.

La liaison de l'héritier du trône était bien vite en effet devenue publique. Bientôt, en dehors même de la capitale, dans les contrées lointaines de Syrie et d'Egypte, on apprit, avec quelque étonnement sans doute, que la petite courtisane d'autrefois, la pénitente de Timothée et de Sévère, était devenue patricienne et qu'elle était la maîtresse en titre de Justinien. Dans cet événement inattendu, les âmes pieuses n'hésitèrent point à voir la main de Dieu, désireux de susciter à son

peuple une protectrice fidèle, et tout naturellement on s'adressa à Théodora pour adoucir le
sort des martyrs et atténuer les rigueurs de la
persécution. Elle s'y prêta volontiers. Maras,
évêque d'Amida, avait été, avec ses prêtres, dé-
porté à Pétra ; sous le dur climat d'Arabie, dans
ce rude exil, les malheureux semblaient voués à
une mort certaine. Dans leur misère ils songè-
rent à Théodora, et l'un deux, le diacre Etienne,
fit le voyage de Constantinople pour l'intéresser
au sort de la petite communauté. Leur espoir ne
fut point trompé. Non seulement Théodora décida
son orthodoxe amant à solliciter l'empereur
pour les dissidents, mais elle-même, pour faire
consentir Justin, ne ménagea ni les prières ni
les larmes ; et, ce qui est plus remarquable, elle
gagna la cause qu'elle avait prise en main. Ses
protégés furent autorisés à se retirer à Alexandrie, où ils pourraient désormais vivre tranquilles
parmi leurs coreligionnaires. C'était une belle
victoire, et qui donne la mesure de l'influence
que Théodora exerçait sur son amant.

Elle fit mieux encore. Justinien bientôt en
arriva à ce point qu'il voulut à toute force épouser sa maîtresse. Le bon empereur Justin ne
paraît point avoir marchandé son consentement
à son neveu bien-aimé ; aussi bien aurait-il eu

assez mauvaise grâce à le faire. C'était un vieux
soldat, de fort humble origine, peu soucieux des
quartiers de noblesse ; lui-même avait épousé
une ancienne esclave, après l'avoir longtemps,
comme maîtresse, promenée à sa suite dans les
camps, et devenu empereur, il avait sans scrupules assis sur le trône des Césars cette bonne
femme rustique et barbare comme lui. C'est d'ailleurs, et d'où on pouvait le moins l'attendre, que
vint l'opposition aux projets de Justinien. Dans
son gros bon sens de paysanne, l'impératrice
Euphémie — c'est le prénom plus élégant dont
on avait paré, quand elle arriva au pouvoir,
l'ancienne esclave devenue basilissa — était cho-
quée de voir une Théodora destinée à lui succéder ; et malgré sa tendresse pour son neveu,
malgré son ordinaire complaisance à faire toutes
ses volontés, sur ce point elle ne voulut rien entendre. Fort heureusement pour Justinien, Euphémie mourut à propos en 523. Dès lors tout
s'arrangea sans peine. La loi interdisait aux
sénateurs et aux hauts dignitaires d'épouser des
femmes de condition servile, des filles d'auberge,
des actrices ou des courtisanes : pour faire plaisir
à son neveu, Justin abrogea la loi. Voulant,
comme il disait, imiter la bienveillance de Dieu,
qui à tout péché humain sait faire miséricorde,

il décida que les femmes qui, après être montées
sur la scène, se seraient ensuite repenties et
auraient quitté leur déshonnête profession, pourraient désormais contracter avec n'importe qui
une union légitime, à la seule condition de
demander à cet effet l'autorisation impériale.
Comme cette démarche un peu humble eût coûté
peut-être à l'orgueil de Théodora, il fut stipulé
en outre que toute comédienne, ayant reçu du
prince une des dignités de la hiérarchie aulique,
serait par ce seul fait affranchie de tout obstacle
légal pouvant empêcher son mariage avec des
hommes d'un certain rang et n'aurait en conséquence nulle permission spéciale à solliciter. Et
pour faire tout à fait bien les choses, l'empereur
voulut enfin que les filles d'actrices, — Théodora
avait une fille, — qu'elles fussent nées avant ou
après le repentir de leur mère, seraient également
ment admises à se marier sans aucune restriction.
Justinien épousa donc sa maîtresse — à qui il prit
soin à cette occasion de constituer un fort large
douaire — sans que Byzance semble au reste
s'en être fort scandalisée. Seuls, quelques esprits
chagrins, songeant au beau mariage qu'aurait pu
faire l'héritier de l'empire avec une jeune fille
noble, bien élevée et pure, trouvèrent, sans oser
le dire bien haut, qu'une telle aventure suffisait

à faire juger la qualité d'âme et à apprécier la moralité de Justinien. Ni le sénat, ni l'armée, ni l'Église ne firent entendre un mot de protestation, et le peuple, qui se souvenait d'avoir applaudi la comédienne, prodigua sans hésiter ses hommages et sa tendresse à la souveraine.

Associée dès lors officiellement à la vie de l'héritier de l'empire, fort appréciée par le vieux Justin qui semble l'avoir prise en grande affection, Théodora se mêla chaque jour plus hardiment des affaires publiques. Parmi bien des défauts, elle avait une qualité rare : elle demeurait fidèlement attachée à ceux qu'elle aimait. Les monophysites en firent bientôt l'expérience. Sentant dès ce moment le danger qu'il y avait pour la monarchie à perpétuer en Orient d'inutiles querelles religieuses, habilement elle employa son crédit à préparer la fin de la persécution. Elle était en relation avec le patriarche Sévère, avec le grand prédicateur hérétique Jean de Tella ; elle se préoccupait de connaître les hommes éminents qui, dans les chrétientés dissidentes, semblaient capables de préparer pour leurs frères un meilleur avenir. Parmi eux l'un des plus connus était Jacques Baradée, l'apôtre futur et le restaurateur de l'Eglise monophysite. On vantait sa science, sa piété, l'austérité de ses mœurs, son mépris des choses du monde, les guérisons miraculeuses qu'il opérait, même à distance ; déjà une auréole merveilleuse environnait la figure du jeune moine syrien. Théodora voulut le connaître. Elle l'avait, dit-on, vu en songe, tenant en main des vases d'or, d'où s'échappaient des eaux vives dont il abreuvait le peuple romain ; elle voulut le voir en réalité. Vers 527, avec un autre moine, Sergius de Tella, Jacques vint donc à Constantinople. Le bruit de sa gloire l'y avait précédé. Le peuple se pressait sur ses pas ; Théodora, ravie de sa venue, le reçut en grande pompe au palais avec son compagnon ; elle leur assigna une maison, les pourvut de tout le nécessaire, les couvrit ouvertement de sa protection. Il fallait quelque audace pour risquer dans cette cour orthodoxe et dévote de semblables exploits ; mais Théodora savait son pouvoir, et sans cesse le voyait grandir.

Depuis son mariage, en effet, Justinien aussi avait monté sans cesse : Justin l'avait fait nobilissime ; en avril 527, il l'associait officiellement à l'empire. Dans le grand triclinium du palais, en présence du sénat, des soldats de la garde, des représentants de l'armée, le vieil empereur monta sur son trône et annonça qu'à la demande

de son peuple, il faisait basileus son neveu
Justinien. Debout à la droite du souverain,
le patriarche Epiphane prononça les prières
solennelles, auxquelles l'assemblée tout entière
répondit : Amen, pieusement. Puis Justin posa
lui-même la couronne sur la tête de son impérial
associé, tandis qu'à trois reprises l'assistance
criait vivat, et que le nouveau prince, saluant de
la main son peuple, promettait selon l'usage
une gratification aux soldats. Trois jours après,
le jour de Pâques, dans Sainte-Sophie étincelante de la lumière des cierges, le patriarche
consacrait solennellement, en répandant sur sa
tête l'huile sainte, le nouvel empereur. Dans tout
l'éclat de la pompe souveraine, vêtu de la tunique dorée que bordait une large bande de broderie précieuse, les pieds chaussés des bottines
de pourpre, les flancs ceints de la riche ceinture
constellée d'émaux et de pierreries, ayant aux
épaules le large manteau de pourpre rehaussé
d'or que retenait une fibule d'or, sur sa tête le
diadème et portant sur lui tous les joyaux de la
couronne, Justinien prenait possession de l'empire qu'il avait tant souhaité. A ses côtés, vêtue du long manteau de pourpre violette, au bas
duquel une large broderie d'or se déroulait en
lumineux replis, la chevelure entremêlée de tor-

sades de perles et de pierres précieuses, qui retombaient sur ses épaules en cascades éblouissantes, le diadème en tête, Théodora, parée comme une icone, partageait le triomphe de son époux ; et après avoir été avec lui solennellement couronnée dans la basilique, la nouvelle Augusta venait, selon l'usage des souveraines de Byzance, recevoir les acclamations du peuple dans cet Hippodrome qui avait vu ses débuts. Son rêve était réalisé.

Lorsque, quelques mois plus tard, Justin mourut, le 1er août de l'année 527, Justinien ne rencontra nulle difficulté à recueillir son héritage, et Théodora partagea le pouvoir avec lui. Pendant vingt et un ans, de 527 à 548, elle allait régner en souveraine maîtresse sur le plus bel empire qu'il y eût alors dans le monde civilisé.

V

LA LÉGENDE DE THÉODORA

Tel est le roman de Théodora, ainsi que l'a raconté Procope ; et depuis deux siècles et demi environ qu'on a découvert le manuscrit de l'*Histoire Secrète*, ce récit passablement scandaleux a rencontré une confiance presque universelle. Est-ce à dire pourtant qu'il le faille pleinement accepter ? En ces dernières années, de bons esprits ont à diverses reprises refusé créance aux commérages du pamphlétaire, et on a pu parler fort sérieusement de la légende de Théodora. On s'est demandé avec quelque raison comment, si Théodora vécut au grand jour cette vie dissolue par laquelle elle scandalisa Constantinople, il ne s'est, parmi les contemporains, trouvé qu'un seul témoin pour en garder le souvenir. Or, il semble bien qu'en dehors de Procope, aucun écrivain du sixième siècle, aucun historien non plus des siècles postérieurs, n'a raconté les aventures de jeunesse de Théodora, n'a risqué sur ses débordements scandaleux l'allusion la plus timide. Et qu'on ne dise point que, par respect de l'empereur ou par peur des vengeances de l'impératrice, ils ont gardé un silence prudent : beaucoup de ces écrivains, surtout parmi les auteurs ecclésiastiques, n'ont point hésité à accabler d'injures, en son vivant, une souveraine dont ils détestaient l'hérésie, ils n'ont pas craint de la charger de toutes les malédictions. Et à supposer même que les contemporains se soient tus par crainte, pourquoi, une fois Justinien et Théodora morts, les langues ne se seraient-elles point déliées ? Et s'il en est ainsi, que vaut alors, en face du silence général, l'unique témoin à charge qu'est Procope, quand on songe surtout avec quelle naïve impudence, en tant de pages de l'*Histoire Secrète*, le pamphlétaire a exagéré ou menti ? Si avant d'être impératrice, Théodora fut vraiment la grande courtisane que l'on dit, comment nul autre n'a-t-il recueilli, même en l'atténuant, l'écho des bruits qui couraient si ouvertement

sur son compte? Comment, en cette scène inou-
bliable de la sédition de 532, où le peuple soulevé
jeta à la face de Justinien les plus sanglants outrages, n'entendit-on, ainsi qu'il ressort du procès-verbal que nous avons conservé de ce prodigieux entretien entre le prince et ses sujets,
aucun mot malsonnant à l'adresse de Théodora?
et comment enfin Justinien, que ses détracteurs
mêmes représentent comme un homme réfléchi
et maître de lui, eût-il été, je ne dis pas prendre
pour maîtresse, mais épouser publiquement une
femme dont chacun se détournait dans la rue?
c'eût été jouer sa popularité, compromettre toutes
ses chances de parvenir au trône : et il n'était
plus, quand il rencontra Théodora, un enfant,
seul capable de pareilles imprudences.

Si justes que soient en apparence ces remarques, et si fort que je me défie des commérages
de Procope, je ne me risquerais point pourtant
à vouloir trop blanchir celle qu'il a noircie si
outrageusement; et quoique, dès le sixième
siècle, il se soit rencontré des panégyristes qui,
pour plaire à Justinien, ont fait entrer sa femme
tout droit au paradis, je craindrais de tomber
dans le paradoxe à la vouloir faire trop vertueuse.
Il est fâcheux que Jean, évêque d'Ephèse, qui
approcha et connut bien Théodora, ait omis, par

respect pour les grands de la terre, de nous rap-
porter au long les injures dont de pieux moines,
gens de rude franchise, accablèrent, à ce qu'il
nous dit, plus d'une fois l'impératrice : du moins
est-il certain que, parmi les contemporains,
d'autres encore que Procope trouvaient à gloser
sur son compte et que les gens de l'entourage
impérial, le secrétaire Priscus, le préfet Jean de
Cappadoce, savaient en elle des points faibles
par où l'on pouvait la frapper. Je ne sais si vraiment elle eut en sa jeunesse le fils que lui attribue
Procope, et dont la naissance lui fut, paraît-il,
un si malencontreux accident : il est certain, en
tout cas, qu'elle avait une fille, et qui, incontestablement, n'était point de Justinien, sans que
d'ailleurs ce souvenir d'un passé un peu trouble
semble avoir, si j'en juge par la fortune que fit à
la cour le fils de cette fille, beaucoup gêné l'impératrice ou importuné l'empereur. Certains
traits enfin de la psychologie de Théodora, la
sollicitude qu'elle témoigna aux pauvres filles
que, dans sa capitale, le besoin perdait plus
souvent que le vice, les mesures qu'elle prit pour
sauver ces malheureuses et les affranchir, comme
dit un auteur du temps, « du joug de leur honteux esclavage », la dureté un peu méprisante
aussi qu'elle marqua toujours aux hommes, s'ac-

cordent assez bien avec ce qu'on rapporte de sa jeunesse. Et si l'on admet tout cela,qui est indéniable, ne faut-il point se résoudre à ne point rejeter en bloc tout ce que l'*Histoire Secrète* nous a raconté?

Assurément c'est un problème délicat, et d'ailleurs malaisé à résoudre, de vouloir déterminer jusqu'où Théodora a pu tomber et quel degré d'infamie elle n'a point dépassé. Deux remarques peut-être permettront pourtant d'approcher un peu plus de la vérité et d'expliquer quelques obscurités de cette histoire. L'une, c'est que beaucoup de choses, qui nous paraissent aujourd'hui fort scandaleuses, semblaient aux gens du sixième siècle infiniment moins répréhensibles. On lit dans un document officiel de l'époque que de fort honnêtes personnes n'hésitaient point, par charité pure, à délivrer à prix d'or des malheureuses enfermées dans des maisons louches, et à épouser ensuite en justes noces ces femmes singulièrement compromises, et il semble bien que l'opinion publique était plus portée à admirer qu'à blâmer des actes dont l'intention délicate nous paraît quelque peu excessive. On conçoit qu'en de telles conditions, Justinien ait pu épouser Théodora sans étonner beaucoup ni scandaliser ses contemporains. Il est certain

d'autre part que Théodora, au moment où elle
rencontra son dernier amant, s'était fort amendée ; elle avait, durant son séjour à Alexandrie,
traversé une crise morale, et sous de pieuses
influences, elle s'était repentie de sa vie passée ; à
son retour à Constantinople, elle était fort pauvre,
ce qui incline à croire qu'alors du moins elle
était vertueuse. Or, dans une grande capitale,
une courtisane, même célèbre, s'oublie vite ;
après deux ans d'absence, beaucoup de gens se
souvenaient-ils de ce qu'avait été jadis la maîtresse de Justinien ? Et si l'on observe enfin les
habitudes d'esprit de Procope, la grandeur de
perversité épique qu'il aime à donner à ses
personnages, on incline, sans vouloir aucunement faire de Théodora un modèle de vertu et de
chasteté, à transposer simplement d'un ton le
récit de l'*Histoire Secrète*, et au lieu de la courtisane grandiose, véritable ange du mal, qui,
par la volonté du diable, comme dit l'auteur,
promena à travers le monde son impudicité, à
voir en Théodora — et dût-elle en être diminuée — l'héroïne d'une plus banale histoire : une
femme que les circonstances perdirent peut-
être plus que le vice, une danseuse qui, s'étant
conduite comme en tout temps se conduisent la
plupart de ses pareilles, se lassa un jour des

amours sans lendemain, et ayant trouvé l'homme sérieux qui lui assurait un établissement durable, se rangea dans le mariage et la dévotion ; une aventurière, si l'on veut, mais intelligente, discrète, assez adroite pour sauver quelques apparences, et qui put se faire épouser, même par un futur empereur, sans scandale éclatant.

Quoi qu'il en soit, le coup de fortune qui mit Théodora sur le trône frappa profondément l'imagination populaire. Dès son vivant, sa prodigieuse destinée étonna quelque peu ses contemporains. Après sa mort, la légende s'empara d'elle bien plus encore. Orientaux et Occidentaux, Syriens, Byzantins et Slaves illustrèrent à l'envi de détails romanesques sa romanesque destinée, et ainsi se transmit jusqu'à nous, embelli ou transformé d'âge en âge, tour à tour indulgent ou sévère, le souvenir prestigieux de la femme de Justinien.

Dès le neuvième siècle, la tradition byzantine célébrait, outre la beauté de son corps et le charme de son visage, la pureté de son âme, l'excellence de ses mœurs, la puissance de son intelligence, par où elle l'emportait sur toutes les jeunes filles de son temps ; et ne craignant point de la comparer à la pieuse mère de Constantin, la sainte et bienheureuse Hélène, elle voyait en Théodora, comme écrit un vénérable hagiographe, « le réceptacle véritable de tous les dons de Dieu ». Pareillement les traditions slaves des douzième et treizième siècles, non contentes de vanter sa merveilleuse beauté, racontaient qu'elle avait été la plus distinguée, la plus cultivée, la plus savante des femmes. Les traditions syriennes étaient plus flatteuses encore. Dans leur désir d'exalter la grande protectrice de leur église, les monophysites du douzième siècle donnaient pour père à Théodora, au lieu du pauvre diable qui gardait les ours à l'Hippodrome, un pieux vieillard, peut-être un sénateur, fort attaché aux croyances de sa secte, et ils ajoutaient que lorsque Justinien, attiré par la réputation de beauté et d'intelligence de la jeune fille, vint demander sa main, ce bon père ne consentit à la marier à l'héritier du trône, qu'à la condition qu'on ne contraindrait jamais Théodora à accepter les canons maudits du concile de Chalcédoine. Enfin, jusque dans les monastères lointains de l'Occident, se propagea l'écho de sa tapageuse renommée. Le chroniqueur Aimoin de Fleury, qui vivait au onzième siècle, rapporte que Justinien et Bélisaire, jeunes tous deux et liés d'étroite amitié, rencontrèrent un jour deux sœurs, Antonia et Antonina, issues

« de la race des Amazones », et qui, devenues
prisonnières des Byzantins, avaient été réduites
à exercer dans une maison louche le plus déshonnête métier. Bélisaire aima l'une, Justinien prit
l'autre ; et celle-ci, qu'un présage avait avertie
des destinées futures de son amant, lui fit promettre que si jamais il devenait empereur, il
l'épouserait en justes noces. Puis la liaison se
rompit, non sans que Justinien eût, comme gage
de sa promesse, donné une bague à Antonia. Des
années passèrent, le prince devint empereur ; et
un jour, aux portes du palais, on vit apparaître,
demandant audience, une femme en riches atours,
d'une incomparable beauté. Introduite devant le
souverain, Antonia n'en fut point d'abord reconnue ; mais elle montra l'anneau, rappela les serments d'autrefois et Justinien, ressaisi par la
passion d'antan, proclama sans plus tarder la
belle amazone impératrice. Le peuple et le sénat,
ajoute le chroniqueur, furent quelque peu surpris
de ce mariage impromptu ; des exécutions firent
taire les mécontents et Antonia partagea sans
conteste le trône de Justinien.

Il est aisé de reconnaître dans cette histoire
l'aventure de Théodora, et l'on entrevoit par ces
récits tout ce que la prodigieuse fortune de l'impératrice dut inspirer de contes aux badauds

de son temps. Mais si, bonne ou mauvaise, indulgente ou sévère, une légende ne peut prétendre à être tenue pour de l'histoire, il n'en faut pas moins, de cette légende même, retenir sur la jeunesse de Théodora quelques traits essentiels. Lorsque Jean, évêque d'Ephèse, qui connut bien la basilissa, l'appelle quelque part, assez brutalement sans doute, mais d'ailleurs sans paraître lui en faire reproche, « Théodora ἐκ τοῦ πορνείου[1] », il confirme en gros et d'un mot ce que Procope a longuement raconté. Il faut se résoudre, quoi qu'on en ait, à ne point croire à la vertu et à la chasteté de Théodora dans sa jeunesse ; avant le jour où elle rencontra Justinien, avant d'être impératrice, elle avait été courtisane, obscure ou célèbre, peu importe, et même courtisane repentie. J'incline à croire qu'au temps où elle vivait, cela n'avait pas très grande importance, et aussi bien en Théodora, l'impératrice qu'elle fut fait oublier bien vite la courtisane qu'elle a pu être.

---

1. πορνεῖον veut dire maison publique.

L'IMPÉRATRICE THÉODORA

L'IMPÉRATRICE THÉODORA

I

LE PALAIS SACRÉ DE BYZANCE

A l'ouest de Sainte-Sophie, entre l'Hippodrome et la mer, sur le sommet et les pentes de la colline qui s'abaisse jusqu'au rivage de Marmara, s'élevait au sixième siècle le palais des empereurs de Byzance. Ce n'était point, comme nos modernes résidences royales, un édifice plus ou moins somptueux, développant sur quelque place publique les lignes symétriques d'une pompeuse façade ; comme le Vieux Sérail des sultans ottomans, comme le Kremlin des tsars moscovites, le palais des *basileis* byzantins comprenait dans sa vaste enceinte une multitude de constructions diverses, des salles de réception et des églises, des bains et des hippodromes, des couvents et des casernes, des appartements d'apparat et des pièces d'habitation privée, de hautes terrasses découvertes d'où la vue s'étendait au loin sur la mer et la côte d'Asie, tout un ensemble de bâtiments magnifiques, mais isolés en quelque manière l'un de l'autre et entre lesquels s'étendaient des cours dallées de marbre, de longues galeries, des escaliers montant et descendant, et aussi des bois de citronniers et de grands jardins fleuris qui s'inclinaient presque jusqu'au bord des flots. C'était, dans la capitale, comme une ville à part, pittoresque et mystérieuse, cachant dans l'ombre des arbres verts ses palais aux coupoles dorées, ses pavillons et ses kiosques, sévèrement close aux bruits et aux regards indiscrets du dehors, asile splendide et impénétrable où s'abritaient les fastueux loisirs, les cérémonies incomparables, les intrigues compliquées qui constituaient la vie de cour d'un empereur byzantin.

Rien n'égalait la richesse, l'élégance, le luxe éclatant du Palais Sacré. Derrière la lourde porte de bronze qui s'ouvrait sur la place de l'Augustéon, le vestibule de la Chalcé, tel que Justinien l'avait fait reconstruire, était une merveille d'architecture savante et de somptueuse décoration. Sous la haute coupole qui couvrait la rotonde, les marbres multicolores et les mosaïques d'or mêlaient leurs tons éblouissants ; sur le sol, les porphyres, les jaspes, les serpentines, les onyx et les nacres, s'enroulant en ingénieux replis, semblaient couvrir la terre de tapis précieux, où des fleurs de pourpre étaient semées dans l'épaisseur des gazons ; sur les murailles, de grands tableaux de mosaïques représentaient les victoires impériales, les généraux présentant au basileus les rois vaincus et les trésors conquis, et parmi les courtisans et les sénateurs en habit de fête, adorant leur maître comme un dieu, Théodora en grand costume de cour, debout aux côtés de son époux. Plus loin, au delà des salles des gardes, le grand *Consistorium* n'était pas moins splendide. C'était la salle du trône, où l'empereur donnait les audiences solennelles, recevait les ambassadeurs et les cadeaux des souverains étrangers. Trois portes d'ivoire y donnaient accès, garnies de merveilleuses portières de soie, auxquelles correspondaient, sur l'autre muraille, trois portes de bronze ciselé. Les parois resplendissaient de l'éclat des métaux précieux, le sol était couvert de tapis somptueux ; au fond de la pièce, dressé

sur une estrade où l'on montait par trois marches
de porphyre, entre deux Victoires aux ailes
éployées qui tenaient des couronnes de lauriers,
le trône impérial, tout constellé de pierreries et
d'or, était placé sous une coupole d'or que sou-
tenaient quatre colonnes. A côté, s'ouvrait le
grand *Triclinium*, où se donnaient, aux jours de
fête, les festins d'apparat. En ces jours-là, sur les
tables drapées de pourpre, on disposait les pièces
du somptueux service que Justinien avait fait
exécuter, les vases précieux étincelants de pierreries, les plats d'or où, parmi les bas-reliefs
racontant des victoires, était ciselée l'image de
l'empereur. Et telle était la magnificence du dé-
cor, la beauté des costumes, les recherches de la
bonne chère, que les barbares admis à l'audience
ou à la table impériale, éblouis, stupéfaits,
croyaient, selon le mot d'un poète de l'époque,
en franchissant le seuil du palais, entrer propre-
ment au ciel.

Au-dessus des appartements qui formaient la
Chalcé, et relié à eux par une suite de cours,
de galeries, de larges escaliers se développant à
ciel ouvert, un autre palais, celui de Daphné,
dressait sur la colline ses hautes terrasses et les
deux étages de ses bâtiments. Des substructions
colossales, dont aujourd'hui encore les débris

excitent l'admiration, rachetaient la pente naturelle du terrain et supportaient le somptueux
édifice. Là se trouvaient installés, au rez-de-
chaussée, les nombreux services de la maison
impériale : au premier, des salons d'apparat ou-
vraient sur de longues galeries décorées de statues, d'où l'œil découvrait le merveilleux tableau
des jardins et de la mer. Plus loin enfin, plus
complètement isolés encore dans la solitude et
la fraîcheur des grands arbres, se trouvaient les
appartements privés des souverains, le gynécée
mystérieux, peuplé de femmes et d'eunuques,
où se cachait la vie intime de l'impératrice. Là
se nouaient les intrigues compliquées de l'amour
et de la politique, là se jouaient dans l'ombre
d'obscures et étranges aventures, et l'empereur
lui-même bien souvent ignorait ce qui s'y passait. Lorsque les Pères du concile de 536 dépo-
sèrent, comme suspect d'hérésie, Anthime,
patriarche de Constantinople, et que Justinien
menaçait de sa colère le prélat excommunié,
c'est là que Théodora, pour soustraire son protégé à ses persécuteurs, ne craignit pas de lui
donner asile. Pendant douze ans, Anthime vécut
au palais, ignoré de tous, sauf des deux chambellans que la souveraine avait préposés à son
service : tout le monde, et Justinien lui-même, le

croyait mort ou relégué en quelque lointain exil ; et la stupeur fut universelle quand, à la mort de l'impératrice, on découvrit que le bienheureux avait pieusement vécu, tout entier à ses austérités et à ses prières, dans la tranquille et sûre retraite du gynécée impérial.

Puis c'étaient, dans le Palais Sacré, d'innombrables chapelles et oratoires, où la dévote piété des Byzantins vénérait les saints les plus célèbres de l'orthodoxie ; c'étaient d'autres palais encore, tel que celui de la Magnaure, que Justinien avait restauré avec son ordinaire magnificence ; c'étaient des portiques, des galeries, qui mettaient la résidence en communication, d'une part avec Sainte-Sophie, de l'autre avec la somptueuse tribune du Kathisma, d'où la cour assistait aux jeux de l'Hippodrome. Ainsi le Palais Sacré, centre politique de la monarchie, se trouvait étroitement relié à ces deux pôles du monde byzantin, la Grande Église, centre de la vie religieuse, le cirque, tumultueuse arène où le peuple souverain manifestait ses volontés.

Tout un peuple, plus de dix mille personnes, habitait cette ville qu'était le palais. C'étaient les gens de la chambre impériale, attachés au service personnel du prince, les cubiculaires chargés de la table, et les *vestitores* préposés à la garde-robe, les silentiaires qui font faire le silence sur le passage du basileus, les chartulaires qui préparent les promotions, les référendaires qui reçoivent les suppliques, les secrétaires qui ont le soin de la correspondance, tout un monde bigarré de fonctionnaires et d'eunuques, évoluant sous les ordres du grand maître de la chambre. C'était la maison de l'impératrice, dirigée par la grande maîtresse du palais, et étroitement dépendante de la souveraine, qui remettait elle-même à ses serviteurs, femmes et eunuques, les insignes distinctifs de leurs charges. C'était le service des écuries impériales, obéissant au comte des écuries, et la foule des employés civils qui travaillaient dans les bureaux de la chancellerie sous la haute autorité du maître des offices. C'étaient les soldats des gardes, domestiques et protecteurs, scholaires et candidats, troupes d'apparat à l'uniforme splendide, qui, avec leurs beaux habits, leurs longues tuniques blanches sur lesquelles brillaient des colliers d'or, leurs boucliers d'or timbrés du monogramme du Christ, leurs casques d'or à la rouge aigrette, leurs lances incrustées d'or, leurs longues et splendides épées, faisaient dans les cérémonies un effet prodigieux. C'étaient les spathaires, écuyers de l'empereur,

6

les excubiteurs, soldats de la garde particulière, magnifiques géants qui portaient sur l'épaule la terrible hache à deux tranchants. C'étaient les ostiaires, les hérauts, les huissiers, les femmes de chambre, les dames d'honneur, foule immense et compliquée, dont le difficile gouvernement appartenait au curopalate ou maire du palais. C'étaient les gens d'Eglise enfin, chapelains et moines, dont beaucoup vivaient dans la demeure impériale, et dont la rude simplicité, les haillons souvent sordides contrastaient étrangement avec les élégances et les raffinements de cette cour cérémonieuse et polie.

Au commandement du maître des offices, chef du protocole et arbitre suprême de l'étiquette, toute cette multitude aux costumes pompeux s'ordonnait en de savantes hiérarchies, pour rehausser la splendeur des fêtes et la pittoresque variété des processions impériales. Chaque jour, c'étaient des solennités nouvelles. Au commencement de l'année, en souvenir des vieilles traditions romaines, parfois l'empereur se plaisait à revêtir la dignité consulaire. Assis sur la chaise curule, portant la trabée, l'antique costume des vieux consuls de Rome, le prince, l'air solennel et grave, recevait dans une des salles du palais les compliments de ses sujets. Il écoutait les félicitations du sénat, les panégyriques des rhéteurs, il regardait le long et silencieux défilé des fonctionnaires de cour ; et à tous il distribuait les vases d'argent ciselé, les diptyques d'ivoire, les pièces d'or entassées à ses pieds dans des corbeilles, les gratifications proportionnées à chaque grade et à chaque dignité. Puis, à l'appel des hérauts, se formait la pompe consulaire, et à travers les appartements, dans l'étincellement des uniformes et l'éblouissement des armes, la procession se déroulait jusqu'à l'Augustéon, jusqu'à la Grande Église, jusqu'au Capitole, où, parmi les applaudissements du peuple et les chants rythmés des factions, le basileus, monté maintenant sur le char triomphal, se rendait par les rues jonchées de verdure, tendues de soies écarlates et de tapisseries précieuses.

D'autres fois c'étaient les audiences solennelles où, dans le grand consistoire, l'empereur conférait les dignités nouvelles, annonçait les promotions, remettait les insignes des grades. C'étaient les réceptions des rois barbares, qui venaient, souvent accompagnés de leurs enfants et de leurs femmes, rendre hommage à Justinien, et dont les étranges et pittoresques costumes excitaient fort la curiosité du populaire. C'étaient les visites des ambassadeurs étrangers, porteurs des cadeaux

de leurs princes; et pour éblouir tous ces barbares, pour graver dans leurs rudes cerveaux
l'impression profonde et formidable de la puissance byzantine, on déployait tous les raffinements du luxe, toutes les complications de l'étiquette. De la porte de la Chalcé au grand Consistorium, les soldats des gardes faisaient la haie
en tenue de parade, et parmi le flottement des
étendards multicolores, dans l'étincellement des
épées nues et des lances dressées, à travers l'im-
mensité des salles splendides, lentement défilait
le cortège des ambassadeurs. Dans la salle d'audience, environné de gardes, d'eunuques, de
grands dignitaires, assis sur le trône entre les
deux Victoires qui suspendent sur sa tête des couronnes de lauriers, l'empereur attendait, immobile et solennel. Brusquement, à un signal, les ri-
deaux de soie sont tirés ; les orgues chantent, accompagnant les chœurs des factions; humblement,
par trois fois, les ambassadeurs se prosternent sur
la terre, jusqu'à ce que le basileus les invite à se
relever. Puis les cadeaux, précieux ou bizarres,
apportés par l'ambassade, sont présentés au souverain ; et en de courtes formules, réglées par le
cérémonial, l'entretien commence, banal, officiel
et hautain. Puis ce sont les festins d'apparat,
où la cave impériale étale ses richesses pour les

hôtes exotiques de l'empereur, Avars aux rudes visages, aux longues tresses ondoyant comme des couleuvres, Huns aux cheveux pendants, aux moustaches énormes, aux braies collant sur les cuisses, Abyssins demi-nus parés de bijoux barbares, Arabes bruns ou souples Ibères. A tous le souverain prodigue les cadeaux, les dignités, les politesses, particulièrement heureux quand il peut les convertir à l'orthodoxie et compléter les réceptions palatines par un baptême à Sainte-Sophie, où l'empereur lui-même ne dédaigne point de servir de parrain aux nouveaux chrétiens.

Ainsi, dans le Palais Sacré, d'un bout à l'autre de son existence, minutieusement le cérémonial réglait toute la vie publique d'un souverain byzantin. Parfois pourtant, dans cette stricte étiquette, des incidents inattendus, et moins conformes au protocole, venaient mettre un pittoresque imprévu. Maras le solitaire était un de ces moines égyptiens, fanatiques et visionnaires, que nul respect humain n'arrêtait quand ils croyaient sentir l'inspiration divine. Chassé de sa cellule par la persécution, il s'en vint à Constantinople, et hardiment il se présenta devant Justinien et Théodora. Son costume déjà aurait suffi à faire sensation au palais : il portait un vêtement rapiécé de mille morceaux de toutes couleurs grossièrement cousus de fils multicolores, un manteau de même façon, le tout si crasseux, si sordide, que le plus pauvre diable, dit le contemporain qui raconte cette histoire, n'en aurait point voulu, même s'il n'avait rien eu à se mettre sur le corps. Plus encore que son habit, le langage de Maras étonna : il se mit en effet à invectiver les souverains avec une telle violence, que le chroniqueur n'ose, par respect des grands de la terre, reproduire ses audacieuses et outrageantes paroles, si brutales et si grossières, que des gens de rien les auraient à peine supportées. Le beau de l'aventure, c'est que Justinien et Théodora écoutèrent avec une patience admirable cet homme que ne troublait ni l'éclat de la couronne, ni la splendeur de la pourpre ; et pleins d'estime pour ce moine parfait qui s'exprimait en de si libres critiques, ils déclarèrent que vraiment c'était un philosophe spirituel. Bien plus, l'empereur promit, paraît-il, de déférer à ses conseils et l'impératrice voulut le garder au palais pour s'entretenir avec lui des choses de Dieu.

Zooras aussi était un moine et, comme Maras, persécuté pour sa foi. Lui aussi crut de son devoir d'aller avec quelques disciples dans la capitale pour braver en face le tyran. Bien accueilli par Justinien, invité à s'expliquer devant une assemblée d'évêques, il se répandit naturellement en injures contre le prince qui persécutait l'Église de Dieu, versait le sang des fidèles et soutenait le concile impie de Chalcédoine. « Tous les tourments, criait-il, que les chrétiens ont subis, Dieu t'en demandera compte au jour du jugement. » L'empereur était furieux ; il n'osait faire arrêter le moine, mais des paroles menaçantes s'échappaient de sa bouche : « C'est vous, répliquait-il, qui êtes des séditieux, des perturbateurs ; le concile est juste, et je n'admettrai pas qu'on me parle plus longtemps sur ce ton. Si vous dites vrai, Dieu me le manifestera par un signe ; sinon, quiconque maudira le concile sera condamné à mort. » Sans se troubler, Zooras ripostait : « Les anges du ciel même détestent ton concile. Pour croire, les vrais fidèles n'ont pas besoin de signe. Mais sois tranquille, Dieu te donnera un signe, et sur toi-même. » Et il sortit. Le lendemain, dit le chroniqueur, Justinien était fou ; il ne voyait plus, il avait à peine forme humaine. Heureusement, l'adroite et prudente Théodora était là : elle enferma le malade dans un appartement secret du palais, et de crainte que le bruit de sa mort ne se répandît par la ville, elle n'admit auprès de lui que deux médecins et deux serviteurs. Puis elle fit en hâte chercher le moine, promettant que, si le prince guérissait, il rendrait incontinent la paix à l'Église. Quand Zooras entra : « Voilà bien, dit-il, le signe que tu avais demandé » ; et entrant en prière, il rappela le moribond à la vie. Justinien revenu à lui reconnut le vieillard et comprit ; et désormais, rempli de la crainte du bienheureux, il se gouverna en toutes choses par ses conseils.

Tel était le Palais Sacré de Byzance, vers le temps où Théodora y régnait en maîtresse. Ambitieuse comme elle était, despotique et hautaine, elle n'avait pas été longue à y saisir d'une main ferme le pouvoir dont elle avait fait la conquête ; très femme avec cela, toujours coquette et désireuse de plaire, elle s'était plus promptement encore accoutumée à sa nouvelle majesté.

II

LA VIE IMPÉRIALE DE THÉODORA

Rarement souveraine de naissance aima et goûta plus que Théodora les joies multiples, plaisirs de luxe et menues satisfactions d'orgueil, que peut donner l'exercice de l'autorité su— prême. Elle s'était toujours plu au faste et à la parure : elle déploya au Palais Sacré tous les raffinements et toutes les élégances. Elle voulut des appartements somptueux, des costumes ma- gnifiques, des bijoux éblouissants. Surtout elle eut de sa beauté un soin constant et délicat. Pour se faire un visage reposé et charmant, elle pro- longeait son sommeil par d'interminables siestes ; pour garder à son teint l'éclat et la fraîcheur, elle prenait des bains fréquents, auxquels succédaient

de longues heures de repos. C'était coquetterie
naturelle, désir de plaire, toujours éveillé chez
une femme de sa sorte. C'était habileté politique
aussi : Théodora savait bien que son charme était
le plus sûr garant de son influence.

Sa table également était toujours servie avec
un goût exquis et recherché. Tandis que Justinien
se plaisait à une simplicité de vie prodigieuse,
ne buvant jamais de vin, mangeant à peine, se
contentant généralement de quelques légumes,
et souvent se levant de table sans avoir goûté aux
mets présentés, tandis que, par piété, il demeurait souvent des jours et des nuits sans prendre
de nourriture, Théodora exigeait à chacun de ses
repas les plats les plus fins, les boissons les plus
variées. Elle tenait plus fortement encore à l'appareil extérieur du pouvoir. Il lui fallait une cour,
des suivantes, des gardes, des cortèges ; en vraie
parvenue, elle adorait et multipliait autour d'elle
les complications du cérémonial. Tandis que
l'empereur se montrait accessible à tous, n'écar-
tant personne de ses audiences, ne se choquant
point des légers manquements qui, dans l'attitude
ou le langage, pouvaient froisser le protocole,
causant familièrement avec ses visiteurs et en-
courageant leurs réponses, Théodora poussait à
l'extrême les exigences de l'étiquette. Elle avait,

de son passage au théâtre, gardé le goût et l'a-
mour de la mise en scène ; mais surtout, orgueilleuse comme elle était, elle tenait à marquer son
rang et à maintenir les distances, secrètement
heureuse peut-être de voir se courber humblement sur son brodequin de pourpre tant de grands
seigneurs qui jadis la traitaient plus familièrement.

Depuis plusieurs siècles déjà, le cérémonial
s'était fort compliqué dans l'entourage des empereurs, remplaçant la simplicité voulue qu'a-
vaient affectée les premiers Césars. Au temps de
Justinien, et surtout grâce à Théodora, la vie de
cour prit un développement plus considérable
encore. Comme plus tard Louis XIV à Versailles,
les souverains voulurent voir, assidus au palais
les grands dignitaires et les hauts fonctionnaires ;
et comme le palais était le centre de toutes choses, comme toutes les grandes affaires s'y traitaient, comme toutes les faveurs prenaient là leur
source, comme s'abstenir d'y paraître était un
danger, naturellement on s'y empressa. Mais une
étiquette très rigoureuse régla les rapports des
courtisans et du maître. Jadis on approchait assez facilement les princes ; maintenant il fallut
plier son attitude et sa bouche aux exigences du
protocole. Autrefois, lorsque les sénateurs se

présentaient devant l'empereur, les patriciens, mettant la main droite sur leur cœur, se bornaient à s'incliner très profondément pour recevoir le baiser du basileus ; les autres membres de la haute assemblée se contentaient de fléchir le genou droit ; aucun honneur spécial n'était accordé à l'impératrice. Maintenant, devant Justinien, et même devant Théodora, les gens du plus haut rang durent se prosterner jusqu'à terre, la bouche collée au sol, les mains et les pieds étendus, et baiser à pleines lèvres le brodequin de pourpre des souverains. Respectueusement on traita le prince de Majesté, en se nommant soi-même son humble esclave, et Théodora, en particulier, se montrait sur ce point fort intransigeante, faisant congédier comme un malappris, au milieu des rires et des huées de son entourage, quiconque manquait au moindre rite du cérémonial. Désormais aussi, avant d'être introduit, il fallut faire longuement antichambre, et Théodora se plut tout particulièrement à prolonger ces humiliantes attentes, heureuse de transformer, comme dit un contemporain, en une honteuse servitude la libre constitution de l'Etat. On n'en était au reste que plus assidu à lui venir faire sa cour : on la savait autoritaire, vaniteuse, toute-puissante ; on n'ignorait point non plus qu'une faveur obtenue en dehors d'elle entraînait de graves périls et de prochaines disgrâces. Aussi chaque matin pouvait-on voir ses antichambres remplies de solliciteurs, qui s'y entassaient comme un troupeau d'esclaves ; les plus grands seigneurs de Byzance étaient là, attendant souvent pendant plusieurs jours de suite leur tour d'être reçus, et se haussant sur la pointe des pieds pour montrer leur visage et se faire du moins remarquer des eunuques de service. Et quand enfin ils étaient admis devant la souveraine, le cérémonial encore réglait leurs gestes et leurs discours ; ils devaient se borner à répondre aux questions de l'impératrice, sans se permettre jamais de lui adresser d'abord la parole. Et généralement l'audience était courte, réduite à une brève et très officielle conversation.

Au vrai, tout cela, qui scandalise si fort Procope, n'a rien en soi, dans une existence de cour, de fort extraordinaire, et si je note ces détails, c'est surtout parce qu'ils montrent avec quelle facilité, avec quelle complaisance aussi Théodora s'assouplit aux exigences de son nouveau rang. Sans lassitude, elle prit et réclama sa part de toutes les cérémonies et de toutes les charges de l'empire. On la vit, recevant la verge d'or des mains de l'ostiaire, la remettre en signe d'investiture aux silentiaires attachés à son service ; on la vit, dans le grand consistoire, assise sur le trône aux côtés de l'empereur, donner aux patriciennes à ceinture la dalmatique et le long voile blanc, l'écharpe brodée et la haute coiffure, insignes de leur éminente dignité. On la vit — ce qui ne s'était jamais vu auparavant — accorder audience aux ambassadeurs et aux rois barbares, et les combler de cadeaux ; on la vit, séduisante et aimable, prodiguer les égards et les présents magnifiques aux souverains rustiques des Ibères ou des Huns. Ainsi aux yeux de tous elle marquait sa puissance, et l'influence qu'elle exerçait sur la politique générale de l'empire.

Partout elle voulut autour d'elle le même déploiement de faste. Quand elle quittait Constantinople pour aller faire une saison aux eaux Pythiennes, le bain à la mode de la Bithynie, un cortège somptueux l'accompagnait, deux ministres, une foule de patrices, quatre mille chambellans et soldats, des gardes, et ce déplacement ressemblait à une marche triomphale. Sans cesse son goût de luxe avait de nouvelles exigences. Elle s'était fait donner par Justinien des propriétés immenses en Cappadoce, dans le Pont, en Paphlagonie, vastes domaines que régissait toute une administration spéciale, et dont Théodora tirait de gros revenus. Elle voulut davantage. Elle aimait l'argent : elle s'ingénia à se créer des ressources nouvelles, même par les moyens les plus arbitraires. Elle aimait le luxe et la magnificence : elle se dégoûta vite du Palais Sacré, jugeant trop petite et trop modeste pour elle l'antique demeure dont s'étaient contentés tant d'empereurs. Pour lui plaire, Justinien fit bâtir à grands frais, aux abords de la capitale, de somptueuses villas, où la cour passa désormais une partie de l'année. Entre toutes, l'impératrice goûtait le palais d'Hiéria. C'était, sur la côte asiatique du Bosphore, une élégante maison de plaisance bâtie au bord de la mer, et toute pleine d'ombrages et d'eaux courantes. Les poètes de l'époque en ont célébré les délices : « En ce lieu, écrit l'un d'entre eux, les Nymphes et les Naïades, les Néréides et les Hamadryades se disputent la royauté. Entre elles la Grâce sert d'arbitre, et elle ne sait comment juger : tant en cet endroit sont rassemblés d'agréments divers. » Un autre s'exprime ainsi : « Bois sacré de Daphné, situé loin des flots, quelle que soit la beauté de ta solitude agreste, tu dois me céder la primauté. Ici les Nymphes des forêts et les marines Néréides ont fixé leur lieu de réunion. Elles se disputent ma possession. Mais Neptune a jugé, et m'a attribué par moitié aux deux parties. »

Dans ce lieu enchanteur, sans cesse la cour se transportait. L'empereur y venait en automne célébrer la fête des vendanges ; l'impératrice y venait plus fréquemment encore chercher le repos et la tranquillité. Mais comme, à la campagne même, elle voulait autour d'elle une cour nombreuse et attentive, les voyages d'Hiéria faisaient le désespoir de l'entourage impérial. Les gens de service, assez mal logés, se plaignaient de manquer souvent, dans la somptueuse villa, des choses les plus nécessaires ; plus encore, la traversée troublait leurs têtes prodigieusement. Depuis près de cinquante ans, en effet, un monstre marin redoutable infestait le Bosphore ; c'était une énorme baleine, longue de près de quinze mètres, qui coulait les navires et noyait les passagers. Vainement on essayait de la prendre : tous les ordres de l'empereur étaient demeurés sans effet, et les courtisans infortunés étaient fort inquiets quand il leur fallait traverser le détroit pour se rendre à Hiéria. Finalement pourtant, on captura le terrible cétacé. En poursuivant une bande de dauphins, le monstre vint s'échouer dans la vase, aux embouchures du

Sangarios, et ne réussit point à s'en dégager.
Les riverains accourus à cette nouvelle tuèrent
la bête à coups de hache, et l'ayant traînée à
terre, la ramenèrent triomphalement dans leurs
villages. Ainsi le Bosphore retrouva sa tranquillité.

Théodora, d'ailleurs, s'inquiétait peu des alar-
mes de ses serviteurs. Quand elle avait pris une
décision, et qu'il s'agissait de son plaisir, personne au monde n'eût réussi à la faire changer
d'avis. Aussi n'est-il point tout à fait impossible,
si peu vraisemblable pourtant que semble ce
détail, qu'elle ait admis dans son intimité quelques-unes des amies, un peu tarées, des jours de
sa jeunesse, telles que Chrysomallo la danseuse
et l'actrice Indaro, et que, par attachement pour
d'anciennes camarades, un peu par bravade aussi,
elle ait donné à ces femmes une place dans ses
conseils. Il lui arrivait parfois, s'il faut en croire
l'*Histoire Secrète*, d'apporter dans les affaires les
plus sérieuses l'humour et les inventions drôles
qui avaient fait autrefois les succès de la comédienne. Quand on venait, par exemple, se plaindre à elle des méfaits de ses familiers, elle trouvait, pour se débarrasser des fâcheux, le mot
plaisant qui les couvrait de ridicule. Pour écarter à jamais les solliciteurs importuns, elle ima-

ginait des facéties de cabotine, qu'elle mettait en scène avec un talent extraordinaire.

Un patrice, homme âgé, et qui avait rempli de hautes magistratures, devait une forte somme à l'un des serviteurs de l'impératrice : incapable d'acquitter sa dette, il demanda audience à Théodora, espérant l'apitoyer sur son sort. La souveraine était dans un jour de gaieté ; elle ordonna à ses eunuques de se ranger autour d'elle pour la réception, et leur distribua les rôles dans la comédie qu'elle préparait. On introduisit alors le patrice dans le gynécée, et le pauvre homme, tout en larmes, s'étant prosterné aux pieds de l'impératrice, conformément à l'étiquette, commença en un long discours à expliquer sa peine : « C'est une terrible chose, Majesté, pour un patricien d'être pauvre. Chez le commun des hommes une telle situation inspire la compassion ; pour un homme de haut rang, sa misère n'est qu'une occasion d'outrages. Un pauvre diable, s'il est ruiné, peut avouer sa détresse à son créancier ; un patrice, s'il ne peut payer ses dettes, rougit d'un tel aveu, et d'ailleurs, il ne persuadera à personne qu'un homme de sa naissance puisse être réduit à la pauvreté ; ou, s'il y parvient, il s'en trouve parfaitement déshonoré. Or, Majesté, j'ai des créanciers, et aussi des débiteurs. Mais mes créanciers, par respect de mon rang, je ne puis les évincer, et mes débiteurs, qui ne sont point patrices, se dérobent sous mille prétextes à leurs obligations. Je suis donc fort embarrassé et je te demande en suppliant de venir à mon secours et de me délivrer de mes maux. » Théodora le laissait aller ; puis, d'une voix suave : « Mon cher patrice », commença-t-elle ; et achevant la phrase, le chœur des eunuques s'exclama : « Vous souffrez d'une grosse hernie à l'aine. » Et chaque fois que le malheureux reprenait ses supplications, Théodora et ses courtisans reprenaient en chœur la réponse. Finalement, le misérable, s'étant protocolairement prosterné, quitta la place. Et l'on s'amusa fort, dit-on, au palais de la bonne farce que la souveraine avait faite à un importun.

De telles plaisanteries pourtant, qui nous semblent au reste assez peu plaisantes, n'étaient point fréquentes chez Théodora. Si elle se souvenait de son passé, elle ne tenait point outre mesure à le rappeler aux autres, et elle n'eût point admis volontiers qu'on s'en souvînt autour d'elle trop ouvertement. C'est pourquoi, intelligente et pratique, et d'ailleurs naturellement orgueilleuse, elle se drapa attentivement dans sa fraîche majesté, et c'est pour cela aussi que;

quoi qu'on en ait dit, elle n'eut garde de com
promettre en des aventures d'amour et en de
vaines galanteries la position qu'elle avait su
conquérir. Autant la danseuse avait pu jadis être
hardie et libre, autant l'impératrice fut toujours
réservée, correcte, prude et irréprochable.

III

LES BAVARDAGES D'UNE CAPITALE

Chaque jour, sous les arcades du Portique royal, se tenait à Constantinople le grand marché aux nouvelles. Parmi la foule oisive des badauds, des hommes, qui se paraient du beau nom de philosophes, dissertaient dans les boutiques des libraires qui peuplaient ce quartier, discutant de toutes choses, théologie et médecine, politique et religion, commentant les menus événements de la ville et de la cour. Par leurs grands airs, leur parole pompeuse et facile, les hautes questions qu'ils abordaient, la façon dont ils expliquaient tout, ils imposaient au vulgaire qui les écoutait complaisamment ; et quoique ce fussent en général d'assez pauvres sires, sans instruction, sans éducation, et à qui le vin surtout qu'ils avaient bu donnait de l'imagination et de l'éloquence, le peuple les admirait profondément. Les gens du monde voyaient en eux des bouffons de moralité assez équivoque, empressés à se faire les parasites des maisons riches, et tout en s'amusant de leurs incongruités et de leurs impertinences, ils les traitaient avec une familiarité souvent insultante et brutale. Mais la foule écoutait avidement les vains discours qu'ils débitaient ; elle s'émerveillait des belles relations dont ils faisaient parade, croyait aveuglément aux récits qu'ils contaient, aux nouvelles qu'ils rapportaient de leurs voyages à l'étranger. Quand Ouranios, médecin et philosophe, très fier de l'amitié que lui marquait Chosroès, tirait négligemment de sa poche les lettres qu'il recevait du grand roi, quand il rappelait avec complaisance les conversations familières qu'à Ctésiphon il avait avec le souverain, la multitude se disait qu'un tel homme en savait long évidemment sur les mystères de la politique ; et plus les choses qu'il racontait semblaient surprenantes, plus elles rencontraient créance chez ces esprits crédules et légers.

Constantinople, comme toute capitale, était l'asile naturel de tout ce que les provinces déver-

saient annuellement sur la grande ville d'oisifs,
de gens sans aveu, de voleurs et de mendiants.
Dans cette foule inoccupée, agitée et frondeuse,
tout commérage trouvait bon accueil, toute histoire, pourvu qu'elle fût piquante, merveilleuse
ou étrange, était crue sur parole et prestement
colportée de bouche en bouche. Quand Anthémios de Tralles, le grand architecte, avait ima-
giné quelque plaisanterie nouvelle aux dépens
de son voisin l'avocat Zénon, l'histoire faisait le
tour de la ville et excitait la joie du populaire.
Tout Byzance savait comment l'éminent savant,
pour jouer un tour à son adversaire, avait eu un
jour l'idée de disposer dans une chambre basse
des vases remplis d'eau recouverts de tubes en
cuir, dont l'extrémité aboutissait entre les poutres
de la maison de Zénon, et comment, ayant allumé
du feu sous les vases, il avait, par le dégagement
de la vapeur, produit chez son voisin une façon
de tremblement de terre; et tout Byzance riait
en pensant à la mine effarée de l'avocat, se pré-
cipitant dans la rue et demandant à tout venant
si la catastrophe avait fait d'autres désastres. On
ne s'était pas moins diverti quand, une autre fois,
Anthémios avait, à l'aide de miroirs projetant de
brusques rayons de soleil et de corps sonores
choqués les uns contre les autres, fabriqué pour

son voisin, un jour qu'il avait du monde, un vrai orage de théâtre ; et l'on avait trouvé assez drôle aussi la riposte de Zénon, s'allant plaindre à l'empereur et déclarant que lui, simple mortel, n'était point de force à lutter à la fois contre Zeus foudroyant et tonnant et contre Poséidon ébranlant la terre.

La superstition populaire ne commentait pas moins avidement tous les événements qui semblaient présager l'avenir. Constantinople, véritable musée où Constantin avait entassé les merveilles des sanctuaires païens, était peuplée de statues. A chacune la foule attachait des légendes merveilleuses ou de miraculeuses vertus. Chacun savait, par exemple, que si le grand bœuf d'airain placé près du cirque venait à mugir, quelque grand malheur menaçait la ville, et que telle inscription mystérieuse, gravée sur une statue de l'Hippodrome, annonçait d'effroyables catastrophes. Nul n'ignorait que, sur le Forum, une série de figures dressées sur des colonnes contenaient le secret de l'avenir, et qu'Apollonius de Tyane, le fameux astronome, y avait lu les noms des futurs empereurs. Aussi les astrologues étaient-ils fort nombreux et très consultés dans la capitale ; et Justinien, qui s'en défiait, trouvant qu'ils excitaient bien inutilement une 'oule déjà assez impressionnable, les recommandait à toutes les sévérités de sa police.

Mais les miracles surtout faisaient travailler l'imagination et les langues du populaire. C'était un vieil usage de l'église de Constantinople de distribuer aux enfants des écoles le surplus, non employé, des pains consacrés pour la sainte communion. Or, un jour, un petit juif se trouva parmi les appelés à la distribution. Quand le père, un vitrier très fanatique, sut que l'enfant avait mangé le corps symbolique du Christ, furieux il le jeta dans le four allumé où il faisait chauffer ses pâtes de verre. Pendant trois jours la mère, ignorant ce que son fils était devenu, le chercha désespérément par la ville, lorsque tout à coup elle s'entendit appeler par lui de l'intérieur du four, et ayant ouvert la porte, elle retrouva l'enfant vivant et sans brûlures. Il raconta qu'une belle dame vêtue de pourpre lui avait apporté à manger et à boire, et avait éteint soigneusement les charbons qui l'environnaient. Et le peuple, enchanté d'une si merveilleuse aventure, ajoutait que la mère et le fils s'étaient fait baptiser et que le méchant père, par ordre de l'empereur, avait été, comme meurtrier de son enfant, mis en croix au faubourg de Sykæ.

On ne se préoccupait pas moins vivement de

tout ce qui touchait à la cour et à la personne des souverains. De leur mystérieuse existence, à peine entrevue dans l'éblouissement des grandes cérémonies, on savait peu de chose en somme : on imaginait d'autant. Des anecdotes couraient sur l'empereur, qui le montraient alternativement en rapport avec les anges et avec les démons. Peu enclin au sommeil, dévoré d'activité, Justinien se couchait tard, se levait avec l'aurore, souvent même quittait sa couche au milieu de la nuit pour se remettre au travail. Sur ces promenades nocturnes, l'imagination de la foule brodait tout un roman. On disait que lorsque le basileus errait la nuit par les appartements, c'était un corps sans tête qui parcourait interminablement les salles désertes, et que tout à coup, à travers les airs, on voyait, revenant on ne sait d'où, la tête rejoindre brusquement le corps qu'elle avait si étrangement quitté. On disait que les gens de l'entourage impérial, debout aux côtés du maître, voyaient parfois inopinément son visage changer d'aspect, ses sourcils s'effacer, ses yeux disparaître, tout aspect humain s'évanouir sur sa face, et j'ai conté la légende d'après laquelle Zooras le moine avait guéri par ses prières une de ces effrayantes métamorphoses. On disait encore que saint Sabas, le fameux ascète de Palestine, introduit un jour dans le cabinet de Justinien, s'était enfui comme un fou, à la profonde stupeur des eunuques de la chambre, et qu'il avait raconté plus tard qu'il avait vu le diable en personne assis sur le trône impérial. Et pour corroborer ces dires, on citait des témoignages irrécusables, des domestiques du palais, des gens parfaitement sains d'esprit, disait-on, qui avaient vu ces choses et n'en étaient pas encore revenus. Et on affirmait que la mère elle-même du souverain racontait qu'elle avait eu commerce avec un être surnaturel, dont elle avait senti le contact, et qui s'était évanoui ensuite dans un rêve, et que de cette aventure était né Justinien.

On n'était pas plus en peine d'expliquer les dépenses prodigieuses que faisait le basileus. Un jour, disait l'histoire, l'empereur visitait les chantiers de la nouvelle Sainte-Sophie, l'âme triste, car l'argent allait manquer pour continuer la construction entreprise. Monté sur les échafaudages, il regardait, non sans mélancolie, sa grande œuvre destinée à demeurer interrompue, quand il vit venir à lui un eunuque du palais. « Pourquoi, lui dit cet homme, vous inquiétez-vous de l'argent, sire ? donnez-moi demain quelques-uns de vos dignitaires : je vous fournirai autant d'argent que vous le pourrez souhaiter. » Le lendemain, comme de nouveau le prince inspectait les travaux, le même personnage lui apparut : « Donnez-moi quelques hommes de confiance, lui dit-il, et allons. » Étonné de cette insistance, Justinien délégua Stratégios, ministre du trésor, le questeur Basilidès, Théodore Kolokynthès, préfet de la ville et patrice, avec une suite nombreuse et vingt et un mulets robustes. L'eunuque les emmena hors de la ville, et tout à coup apparut à leurs yeux un palais admirable qui ne semblait pas fait de main d'homme. Leur guide invita les dignitaires à descendre de cheval, il les introduisit dans une salle toute remplie de pièces d'or ; puis, prenant une pelle, le mystérieux personnage chargea sur chaque mulet quatre cents livres d'or, qui équivalent à quatre cent cinquante mille francs de notre monnaie. Ayant ainsi entassé sur les mulets environ neuf millions, il renvoya ses compagnons vers l'empereur, disant qu'il allait lui-même refermer la salle. Quand Justinien vit tout cet or, il se fit en grand détail raconter l'aventure ; et comme l'eunuque ne revenait pas, il l'envoya chercher. Mais la place où s'élevait le palais était maintenant déserte, l'homme avait disparu. Aussi l'empereur n'hésita point à reconnaître un miracle dans l'affaire et à en attribuer la gloire à Dieu.

Sur les façons dont il emplissait le trésor impérial, les nouvellistes avaient d'autres renseignements encore, mais que l'on répétait moins
haut. On disait que l'empereur fabriquait de faux
testaments pour capter les riches héritages, qu'il
spéculait sur les blés, sur la soie, sur la nourriture et sur les plaisirs de son peuple, qu'il ne
reculait, pour s'enrichir, ni devant les disgrâces
injustes ni devant l'assassinat. On glosait également sur Théodora, sur sa famille, sur ses aventures. On la savait riche, aimant l'argent : on
racontait comment elle s'entendait avec l'empereur pour dépouiller ceux de leurs familiers qu'ils
avaient préalablement laissés s'enrichir, ou pour
confisquer à son profit, sous couleur d'infraction
à la loi qui réglait les transactions commerciales,
les objets précieux, belles étoffes, bijoux somptueux, qui tentaient son envie. On la savait ran-
cunière, vindicative, cruelle, capable de tout pour
perdre un adversaire et assurer son pouvoir. On
imaginait donc sur son compte les plus ténébreuses histoires. On contait que, si quelqu'un
avait la mauvaise chance de lui déplaire, elle le
faisait secrètement mander au palais, et que là,
chargé de fers, la tête enveloppée d'un voile, le
malheureux était, sous bonne garde, embarqué
incontinent pour un lointain exil, où des geôliers

terribles se chargeaient bien vite d'accomplir les vengeances de la souveraine. Sur ce qui se passait derrière les impénétrables murailles du gynécée, les badauds de la capitale en avaient long à raconter. Il y avait là, disait-on, d'immenses cachots souterrains, des prisons silencieuses et redoutables où Théodora faisait emprisonner, battre et torturer ses victimes ; là, dans de perpétuelles ténèbres, enchaînés de si court qu'ils pouvaient à peine se baisser, des malheureux demeuraient enfermés des mois et des années ; comme aux bêtes, on leur jetait quelque vague nourriture ; et quand par hasard ils sortaient de cet enfer, ils étaient fous, aveugles ou brisés à jamais par leur atroce captivité. Encore ceux qui échappaient vivants de cette épouvantable géhenne, labyrinthe obscur à l'entrée duquel on laissait toute espérance, ceux-là pouvaient s'estimer heureux. D'autres disparaissaient sans laisser de traces. Des gens racontaient qu'un jour était revenu au palais ce fils que Théodora avait eu en sa jeunesse. Le père, à son lit de mort, lui avait révélé son origine, et l'enfant était parti pour Constantinople pour retrouver sa mère. L'impératrice, fort inquiète, craignant que Justinien ne prît mal, s'il l'apprenait, cette aventure de son trouble passé, reçut le jeune homme et

le confia à l'un de ses serviteurs, ordinaire exé-
cuteur de ses desseins secrets. Et jamais plus,
depuis lors, on ne revit le malheureux.

Il faut bien se garder de prendre à la lettre
toutes ces anecdotes. Procope lui-même, qui a
soigneusement recueilli ces commérages, nous
dit quelque part que Théodora était une personne
fort mystérieuse, et que, lorsqu'elle voulait qu'un
de ses actes demeurât caché, nul, si habile qu'il
pût être, n'arrivait à en pénétrer le secret. On
voit donc mal comment l'écrivain a pu savoir ces
histoires terrifiantes, et de leur nature éminem-
ment confidentielles, d'assassinats nocturnes, de
prisons souterraines, de tortures clandestines et
terribles. Il faut ajouter que, de son aveu même,
on s'échappait sans trop de peine, et parfois à
plusieurs reprises, de ces redoutables cachots, et
que, d'autre part, quelques-unes des plus illustres victimes de l'impératrice se portèrent en
somme assez bien, et firent, malgré de passagères disgrâces, une assez belle carrière. Assurément, dans ce Palais Sacré, plein de détours et
de mystères, d'étranges choses pouvaient se
passer, et l'aventure du patriarche Anthime, que
j'ai racontée, donne à penser sur ce que pouvait
cacher l'ombre du gynécée impérial. Et, assurément aussi, lorsque Théodora haïssait, elle était

femme, je crois, à ne reculer devant rien, ni devant le scandale d'une injuste disgrâce, ni peut-être même devant l'éclat d'un assassinat. Elle avait la rancune tenace : toute sa vie elle se souvint des injures dont les Verts avaient abreuvé sa jeunesse ; jamais elle ne pardonna au préfet Jean de Cappadoce d'avoir un moment balancé son pouvoir. Pour garder l'autorité suprême, elle brisa tous les obstacles qui se dressèrent sur sa route, écarta toutes les ambitions qui tentèrent de ruiner son crédit. Pour perdre un adversaire, tous les artifices lui furent bons, la perfidie comme la violence, le mensonge comme la corruption. Rusée, brutale, cruelle même, quand ses intérêts étaient en jeu, elle n'eut pas plus de scrupules sur le choix des moyens que sur celui des instruments qui servaient ses desseins. Mais, de l'aveu même de Procope, cette femme implacable et passionnée était capable de pitié pour ses ennemis, et c'est un fait que ses plus dangereux adversaires ne payèrent que de l'exil leurs insultes ou leurs complots. Il est également certain que cette vindicative souveraine accorda toute sa faveur à des gens qu'elle avait d'abord détestés et que, si elle eut l'âme despotique et dure, en revanche, elle demeura, nous le verrons, obstinément attachée à ceux qui l'aimaient ou qui la servaient bien. Et c'est lui faire enfin gratuitement injure, de lui attribuer la disparition de son fils ; sa fille, en effet, qui rappelait à Justinien d'aussi fâcheux souvenirs, ne la gênait guère, et elle n'épargna rien pour faire ouvertement la fortune de son petit-fils Athanase.

Les badauds de Constantinople ne s'inquiétaient guère de tout cela. Si Théodora exerçait sur l'esprit de Justinien une action si profonde, c'eût été trop simple vraiment d'expliquer par des causes naturelles cette prodigieuse influence. Peu importait qu'elle eût été jolie, que son intelligence fût de premier ordre : si elle gouvernait l'empereur à son caprice, il y avait certainement quelque diablerie là dedans. On avait beau se dire que Justinien avait l'âme faible, la volonté plus inconsistante que la poussière que le vent emporte ; on aimait mieux croire que par des maléfices l'impératrice assurait sa puissance ; et pour que nul ne doutât qu'elle était un suppôt de l'enfer, on affirmait qu'au temps de sa jeunesse, les démons mêmes se disputaient ses faveurs et chassaient de sa chambre ses amants.

Tout cela, assurément, se répétait assez discrètement. La basilissa, dit-on, entretenait des espions partout, et il ne faisait pas bon s'exposer à ses haines. On peut croire toutefois que, si l'impératrice avait continué sur le trône la vie passablement dissolue qu'elle avait menée auparavant, ses aventures galantes auraient fourni ample matière aux commérages d'une capitale peu respectueuse de ses souverains. On glosait volontiers à Constantinople sur la vertu des femmes, sur celles du plus haut rang tout particulièrement : à preuve l'anecdote assez piquante que voici.

Dans le quartier du Zeugma, au bord de la Corne d'Or, il y avait, sur une colonne, une statue célèbre de Vénus. Elle couvrait de sa protection l'une des maisons publiques les plus fameuses de la capitale ; elle avait une autre qualité encore, plus surprenante celle-là et plus singulière. Quand un mari doutait de la vertu de sa femme: « Allons, disait-il, à la statue de Vénus ; si tu es restée pure, la preuve se fera d'elle-même. » Seules, en effet, les femmes honnêtes pouvaient sans encombre passer devant l'image de la déesse ; les autres, au moment où elles s'approchaient, se trouvaient, on ne sait par quel sortilège, brusquement dépouillées de tous leurs vêtements. Il arriva même de ce fait une assez fâcheuse mésaventure à une nièce de Théodora. Elle passait à cheval dans le quartier, allant aux Blachernes, lorsqu'une ondée subite l'obligea à changer de route ; sans réfléchir, elle se dirigea du côté de la statue, et tout à coup elle se trouva fort publiquement et complètement déshabillée. Très humiliée, plus irritée encore, elle fit jeter bas la statue dénonciatrice; mais les bons badauds de Byzance s'étaient énormément divertis.

Si, dans ces conditions, la chronique n'a prêté nulle galanterie à Théodora depuis son mariage, si elle ne semble guère avoir sérieusement mis en doute la correction de sa vie privée, c'est qu'apparemment la souveraine se conduisit irréprochablement. Et puisque ce fut en ces derniers temps une question presque à la mode de discuter ce point, examinons une fois encore ce qu'il faut penser de la vertu de Théodora.

IV

LA VERTU DE THÉODORA

Depuis que Sardou, dans son drame, nous a montré Théodora amoureuse et coureuse d'aventures, on admet volontiers que l'impératrice, gardant sur le trône les libres allures de sa jeunesse, ne se priva point, en courtisane qu'elle était restée, de retourner à ses vieux péchés. Je ne voudrais point me donner le ridicule de me faire le champion trop résolu de la vertu de Théodora après son mariage. Outre que, selon un mot connu, il est toujours assez malaisé d'être sûr de ces choses-là, je ne tiens pas plus qu'il ne faut, on le pense bien, à ce que l'Augusta ait été irréprochable. Je crois volontiers qu'elle fit, au temps de sa jeunesse, la fête très librement, et ne m'en choque point; elle eût continué plus tard que je n'éprouverais nul besoin de m'en scandaliser, et Justinien seul, après tout, aurait quelque droit de s'en plaindre. Mais les faits sont les faits; et leur examen attentif montre qu'ils prouvent plutôt en faveur de Théodora.

C'est un fait tout d'abord qu'aucun des écrivains qui furent ses contemporains, aucun historien non plus des siècles postérieurs — et pourtant, il en est parmi eux qui lui ont durement reproché son avidité, son humeur autoritaire et violente, l'influence excessive qu'elle exerça sur Justinien, le scandale qu'elle donna par ses opinions hétérodoxes — n'a rien dit qui permette de mettre en doute, après son mariage, la correction de sa vie privée. Procope lui-même, qui l'a tant calomniée, qui a si libéralement prodigué les aventures à sa jeunesse, qui a raconté, avec le luxe de détails que l'on sait, les perfidies, les cruautés, les infamies de sa maturité, ne prête, après le mariage, à cette femme si profondément corrompue, pas la moindre velléité de galante aventure. On admettra sans difficulté, je pense, que si la souveraine y avait fourni le plus léger prétexte, le pamphlétaire ne se fût point fait faute de raconter longuement ses adultères. Il n'a rien dit : c'est que vraiment il n'y avait rien à dire.

Mais n'a-t-il rien dit vraiment? Si l'on prend la peine de lire attentivement, et dans le texte, l'*Histoire Secrète*, on se convaincra aisément que, quoi qu'on en ait pu penser, il n'y a rien à tirer contre Théodora, ni de l'aventure de Théodose, ni de celle de Pierre Barsymès, ni de celle même d'Aréobinde.

Théodose, que nous retrouverons plus loin, était l'amant en titre d'Antonine, la femme de Bélisaire et la favorite de l'impératrice. Depuis près de dix ans, il était lié avec elle ; il l'avait suivie en Afrique, en Sicile, en Italie, sans que jamais le faible et amoureux Bélisaire, malgré les avertissements qu'il avait reçus, eût voulu se résoudre à ouvrir les yeux. Finalement pourtant, le mari trompé, se sentant un peu trop ridicule, s'était décidé à des mesures de rigueur. Il avait enfermé sa femme, et autorisé son beau-fils Photios à agir contre l'amant de sa mère. Sans hésiter, le jeune homme avait arraché Théodose à l'asile qu'il avait cherché dans l'église de Saint-Jean à Éphèse et sous bonne garde il avait fait conduire son prisonnier dans un château écarté de la Cilicie : l'opération fut si bien conduite que tout le monde ignorait ce que Théodose était devenu

C'est ici qu'intervient Théodora. Elle s'était toujours, dit-on, montrée indulgente pour l'intrigue de sa favorite, qui lui donnait barre sur elle, et par elle sur Bélisaire. Elle s'était employée une fois déjà à rendre à Antonine son amant, que la crainte des vengeances du mari avait momentanément éloigné d'elle. Elle agit plus activement encore quand elle sut les résolutions de Bélisaire. Elle avait en ce moment des obligations toutes particulières à Antonine qui, dans la récente disgrâce de Jean de Cappadoce, lui avait, par son habileté, rendu des services signalés ; aussi, inquiète pour son amie, s'empressa-t-elle de faire rappeler Bélisaire à Byzance, où elle pensait pouvoir plus efficacement protéger sa favorite, et elle commença par obliger le général à se réconcilier avec sa femme. Elle fit mieux. Ayant réussi à retrouver Théodose, elle le fit secrètement venir au palais, et le lendemain, ayant mandé Antonine : « Ma très chère patrice, lui dit-elle, il m'est tombé hier entre les mains un joyau merveilleux, tel que jamais homme au monde n'en rencontra. Si tu veux le voir, j'aurai plaisir vraiment à te le montrer. » Et quand elle eut bien excité la curiosité d'Antonine, elle fit sortir Théodose de l'appartement des eunuques où elle l'avait caché. On juge de la

surprise de la favorite, de sa joie, de sa gratitude :
« Mon sauveur, ma bienfaitrice, ma maîtresse ! »
ne cessait-elle de répéter. Ensuite, par prudence,
et pour le soustraire aux vengeances de Bélisaire,
l'impératrice garda Théodose au palais, veillant à
ce qu'on le traitât bien et qu'on lui fît faire bonne
chère. Et elle songeait même, dit-on, à lui
faire donner un grand commandement militaire,
quand il mourut brusquement de la dysenterie.
— Tel est, fort exactement rapporté, le récit de
Procope : je n'y vois rien qui fasse croire que
l'impératrice ait soufflé à sa favorite l'amant
qu'elle s'était employée à lui rendre. Si l'auteur
de l'*Histoire Secrète* avait soupçonné vraiment
quelque galanterie dans l'affaire, il n'eût point
mis à le dire, on le peut croire, tant de péri-
phrases et de discrétion.

Pierre Barsymès aussi, dit-on, aurait été l'a-
mant de l'impératrice. C'était un Syrien qui avait
commencé sa fortune dans le commerce d'argent,
et s'y était fait promptement remarquer par l'habileté et l'impudence de ses opérations malhon-
nêtes. Entré plus tard dans les bureaux de la
préfecture du prétoire, il y montra tant de savoir-
faire qu'il plut à Théodora et qu'elle l'employa
volontiers au service de sa politique secrète.
Poussé par elle, il parvint bientôt à la haute

charge de préfet du prétoire, et pour expliquer
sa rapide faveur, les badauds de Constantinople
racontaient que, par des philtres et des sortilèges
il avait certainement ensorcelé l'impératrice. Le
préfet Pierre, pour réussir, n'avait point besoin,
ce semble, de tels artifices. Par l'habileté de son
administration, ce bon ministre des finances sut
toujours être en mesure de fournir de l'argent à
toutes les demandes de ses maîtres : et cela seul
suffit à assurer son crédit. Caractère dur, sans
scrupules, il gouverna rigoureusement, trafiquant
de tout, tolérant toutes les exactions, spéculant
sur les blés avec une si prodigieuse audace que,
devant l'émeute menaçante, Justinien dut le congédier. La protection de l'impératrice, qui avait
vainement essayé de sauver son favori, consola
du moins sa disgrâce. Peu après sa chute, ce serviteur utile fut nommé ministre du trésor, et là
encore il se fit apprécier par la manière dont il
réduisit les dépenses et organisa de lucratifs
monopoles. Dans l'histoire de cet administrateur
et de ses rapports avec sa souveraine, il n'y a
vraiment pas ombre d'amourette. « Théodora,
dit Procope, aimait Barsymès énormément. »
Outre que le mot employé par l'écrivain n'est
nullement celui qui signifie en grec « aimer d'a-
mour », le pamphlétaire a pris la peine de nous

expliquer les raisons de la sympathie impériale. « Elle l'aimait à cause de sa méchanceté, pour la dureté avec laquelle il gouvernait les sujets, et aussi parce qu'il était très expert dans ces pratiques magiques qu'elle-même employait volontiers. » Il n'y a pas autre chose dans l'*Histoire Secrète*, et cela ne suffit vraiment pas pour faire de Pierre l'amant de Théodora. S'il réussit, c'est pour d'autres causes, et la preuve en est qu'après la mort même de l'impératrice, son crédit persista. Sept ans après que l'Augusta avait disparu, il revenait à la préfecture du prétoire, et malgré la haine du peuple, la faveur de Justinien maintint obstinément en fonction ce précieux et dévoué serviteur.

Quant à Aréobinde, c'était un jeune barbare, fort joli garçon, attaché à la cour de l'impératrice, et Procope dit, en effet, que la souveraine fut soupçonnée d'être fort éprise de lui. Mais il faut remarquer que l'auteur de l'*Histoire Secrète*, si prompt à l'affirmation d'ordinaire, n'ose prendre ici à son compte l'anecdote qu'il rapporte, et il suffit d'avoir pratiqué un peu l'ouvrage, pour savoir quel cas on doit faire de ce que le pamphlétaire lui-même met au rang des on dit. En tout cas, il ressort du récit que, si Théodora se sentit quelque tendresse de cœur pour Aréobinde, elle eut pour souci principal de maltraiter fort ostensiblement et finalement d'éloigner le jeune homme, par-dessus tout « désireuse, dit le texte, de se laver de toute accusation ». Loin de lui attribuer une faiblesse, il faudrait en équité stricte la féliciter plutôt d'y avoir résisté.

Et quand bien même Procope lui attribuerait en toutes lettres des amants, nous aurions encore le droit de nous défier légitimement de ses assertions. Comme l'a très bien dit Sardou, « tout ce qui repose sur le dire de Procope n'a pas plus de valeur historique que les pamphlets révolutionnaires ». C'est précisément pour cela qu'il y a quelque chose de tout à fait significatif dans le fait que l'*Histoire Secrète* ne prête à Théodora aucune aventure galante.

Je n'en veux au reste tirer nul avantage en faveur des qualités morales de Théodora. Outre qu'elle n'était plus toute jeune quand elle s'assit sur le trône, — elle avait environ trente ans : à cet âge une Orientale est bien près de vieillir, — et qu'elle n'était plus jeune du tout à l'époque où elle aurait pu avoir pour amants Théodose ou Pierre Barsymès, — elle avait à cette date près de quarante-cinq ans, — elle était à tout le moins trop intelligente et trop ambitieuse pour risquer de compromettre en des intrigues d'amour la situation qu'elle avait su conquérir. Le pouvoir suprême valait que, pour le conserver, elle prît quelques ménagements, et sa dignité de vie fait autant d'honneur peut-être au sens pratique de Théodora qu'à son sens moral.

Pourtant, si l'on prend la peine d'étudier avec quelque attention la psychologie de la souveraine, certains traits inclinent à penser qu'il y eut, dans la correction de son attitude, autre chose encore qu'une hypocrisie intéressée, et je croirais assez volontiers pour ma part qu'elle avait quelque repentir et quelque dégoût de son passé. Elle se montra gardienne sévère de la morale publique, très soucieuse de faire respecter les liens sacrés du mariage, fort peu indulgente, quoi qu'en ait dit l'*Histoire Secrète*, aux aventures d'amour ; elle fut surtout pleine de sollicitude pour les malheureuses que le besoin perdait plus souvent que le vice, elle se préoccupa avec une ardeur passionnée de les sauver, de les affranchir, de les relever ; on la vit, toute sa vie durant, selon le mot d'un contemporain, « naturellement portée à secourir les femmes dans l'infortune ». N'était-ce point qu'elle regrettait peut-être de n'avoir pas vu sa propre jeunesse mieux protégée contre la cor-ruption du monde et les tentations de la misère ? Je croirais assez volontiers, pour ma part, que Théodora trouva à être courtisane beaucoup moins de plaisir que Procope ne l'insinue. Elle le fut, parce que c'était la conséquence presque inévitable de sa profession d'actrice ; mais elle s'en lassa assez promptement. D'assez bonne heure la religion l'amena à la repentance ; toute sa vie elle conserva une piété sérieuse et profonde. L'ambition acheva de la transformer. Montée sur le trône, cette femme d'esprit supérieur, d'intelligence rare, de volonté résolue et forte, cette créature despotique et passionnée, âprement avide du pouvoir, eut en tête d'autres soucis que celui de poursuivre des amourettes vulgaires. Elle possédait quelques-unes des qualités éminentes qui rendent légitime la recherche de l'autorité suprême, une énergie fière, une fermeté virile, un courage calme, qui se montra à la hauteur des circonstances les plus difficiles. Elle voulut faire figure d'impératrice, non point seulement d'impératrice fainéante, entichée de sa récente grandeur. Pendant vingt et un ans qu'elle régna aux côtés de Justinien, elle gouverna autant que lui et peut-être davantage, mélange singulier de bien et de mal, de vertus et de vices, de passions de femme et de qualités d'homme d'État, inquiétante et complexe, souvent déconcertante, mais séduisante toujours infiniment.

V

VERTS ET BLEUS. LA SÉDITION NIKA

Au mois de janvier 532, Constantinople était
fort troublée : l'agitation des factions du cirque
devenait plus dangereuse que jamais.

Depuis son avènement, par haine des Verts,
Théodora avait laissé aux Bleus toute licence de
commettre les pires excès. Justinien avait beau
se fâcher ; il finissait toujours par céder aux
volontés de sa femme ; ou, quand par hasard il se
décidait à quelque mesure de rigueur, bien vite
il battait en retraite devant la colère et les reproches de l'impératrice. Sûrs de la protection de
la souveraine, les Bleus s'accoutumaient à toutes
les audaces ; un fonctionnaire leur déplaisait-il,
un gouverneur avait-il le courage de réprimer

leurs insolences, aussitôt le parti se soulevait et venait tumultueusement réclamer au basileus la destitution et le châtiment de son ennemi. Un comte d'Orient, pour s'être permis de faire battre de verges quelques séditieux de la faction bleue, avait été lui-même, sur la grande place d'Antioche, ignominieusement soumis à un semblable traitement. Un préfet de Cilicie, pour avoir fait exécuter deux Bleus qui dans les rues d'Anazarbe l'avaient assailli à main armée, avait été, par ordre de Théodora, mis en croix dans la capitale de sa province, victime de son désir de faire respecter les lois. A Constantinople, en plein jour, on assassinait : jusqu'aux portes du palais, jusque sous les yeux de l'empereur, les Bleus se jetaient l'épée à la main sur leurs adversaires. Et si le basileus, par hasard, ne semblait pas assez empressé à faire droit à leurs plaintes, s'il paraissait disposé à protéger quelqu'un dont ils croyaient avoir lieu d'être mécontents, sans scrupules eux-mêmes se faisaient justice, attaquant leur ennemi au sortir de l'audience impériale, le rouant de coups, et souvent le laissant pour mort sur la place. Impuissante, la police n'osait sévir ; ou, quand par aventure elle finissait par intervenir, hardiment les gens des factions résistaient par les armes aux soldats.

Ce qui augmentait la gravité de la situation, c'est que les Verts, fort irrités de la partialité de la cour, commençaient à donner à leur opposition une couleur politique. Beaucoup d'entre eux demeuraient attachés à la famille de leur ancien protecteur, l'empereur Anastase, dont les neveux, Hypatios et Pompéios, habitaient la capitale, et, pour ce motif, ils se montraient ouvertement hostiles à la nouvelle dynastie. Entre l'exigente et tyrannique amitié des Bleus et l'inimitié mal déguisée des Verts, le gouvernement, assez embarrassé, maintenait l'ordre à grand'peine, et craignait à juste titre que le moindre incident n'amenât la coalition des factions. Par surcroît, la mauvaise administration et les exactions des deux principaux ministres de l'empereur, le questeur Tribonien et le préfet du prétoire Jean de Cappadoce, entretenaient un mécontentement général. L'un, fort savant homme et jurisconsulte éminent, mais extrêmement avide et prêt à tout pour de l'argent, trafiquait impudemment de la justice, falsifiant les lois selon les besoins et la libéralité des solliciteurs. L'autre, administrateur remarquable, mais dur, sans scrupules, vulgaire, ne reculait devant rien pour arracher aux sujets l'argent nécessaire aux dépenses impériales, faisant torturer, souvent

jusqu'à ce que mort s'ensuivît, ceux qu'il soupçonnait de dissimuler leur fortune, permettant à
ses agents les pires vexations. Tous deux, universellement détestés, étaient en grande faveur
chez l'empereur, qui savait leur dévouement et
estimait leurs services. Mais de toutes ces causes
naissait un état de fermentation redoutable,
d'où allait sortir la formidable émeute, connue
sous le nom de sédition Nika, qui, commencée
au cirque, s'étendit bientôt à la ville entière et
faillit emporter le trône de Justinien.

Le 11 janvier 532, un dimanche, des courses,
selon l'usage, avaient lieu à l'Hippodrome. L'empereur y assistait, et sans doute aussi, derrière
les fenêtres grillées de l'église de Saint-Étienne
qui donnait sur le cirque, Théodora, invisible et
présente, était venue prendre place avec sa cour
de patriciennes et de dames d'honneur ; l'étiquette, en effet, dans cette cour byzantine fort
pénétrée d'habitudes orientales, ne permettait
point à la souveraine de se montrer en public
trop fréquemment. L'assistance était houleuse. Les
jours précédents, en pleine ville, plusieurs personnes avaient été assassinées ; les Verts, par
surcroît, croyaient avoir à se plaindre de la partialité d'un officier du palais, le grand chambellan et spathaire Calopodios. Aussi, des gradins

qu'ils occupaient, s'élevaient d'incessantes huées et de furieuses clameurs, si bien qu'à la fin, Justinien impatienté ordonna au héraut debout à côté de lui d'interpeller le peuple et de lui demander à qui il en avait. Nous avons conservé le procès-verbal authentique du dialogue étonnant qui s'engagea alors entre le porte-parole des Verts et celui de l'empereur : c'est l'un des documents les plus curieux qui nous restent de cette époque, l'un des plus caractéristiques aussi des mœurs byzantines et de la liberté que gardait à l'Hippodrome, en face de l'empereur tout-puissant, cette plèbe qui se souvenait encore d'être l'héritière du peuple romain.

Respectueux d'abord de la personne impériale, osant à peine désigner leurs persécuteurs par d'obscures allusions, bientôt les Verts s'excitent. Ils nomment ouvertement Calopodios leur bourreau, ils menacent de la justice divine quiconque leur fera tort désormais. « Vous n'êtes donc point venus ici pour voir le spectacle, leur fait crier Justinien piqué au vif, mais pour insulter le gouvernement. » Et des deux côtés le ton monte. « Taisez-vous, hurle le héraut impérial, juifs, manichéens, samaritains. Taisez-vous ou je vous fais couper la tête. — Judas ! bourreau, meurtrier, répliquent les Verts exaspérés. Plût au ciel que ton père Sabbatios n'eût jamais vu le jour, il n'eût pas engendré un assassin ! » L'ironie se mêle aux insultes, les raisonnements aux invectives. Aprement les Verts se plaignent d'être exclus du palais et du gouvernement, d'être privés de toute liberté, d'être les continuelles victimes de tous les agents de l'autorité publique : « Qu'on supprime notre couleur, la justice n'aura plus qu'à se croiser les bras. » Et jetant à la face du prince les meurtres commis, naturellement par les Bleus : « Tu nous laisses assassiner, crient-ils à l'empereur, et par surcroît tu ordonnes qu'on nous punisse. » Maintenant, dans le cirque en rumeur, les Bleus à leur tour entrent en scène, ils soutiennent de leurs cris les paroles du héraut. « Gibier de potence, blasphémateurs, ennemis de Dieu, ne finirez-vous point par vous taire ? — Si Ta Majesté l'ordonne, ripostent les Verts, nous nous tairons, trois fois auguste, mais bien malgré nous. Nous savons tout, tu entends, tout : mais c'est bien, nous nous taisons. Bonsoir. Justice ! te voilà morte. Bonsoir, vous tous ! nous nous en allons, nous nous faisons juifs. Il vaut encore mieux être païen que d'être Bleu. » Et, en masse, les Verts quittent l'Hippodrome : c'était la plus sanglante injure qu'on pût faire à la majesté impériale.

Pendant qu'au sortir du cirque la foule exaspérée se répandait dans les rues, Justinien rentrait au palais, comptant bien que, selon l'usage, la fidélité des Bleus calmerait vite la fureur de l'autre parti. Malheureusement Eudémon, préfet de la ville, fit une sottise. Dans un bel accès de zèle, il avait fait arrêter un certain nombre de factieux, et sans s'informer du parti auquel ils appartenaient, il en condamna quatre à être décapités et trois à être pendus. Mais pour ces derniers, le bourreau fit mal son office : par trois fois la corde cassa sous le poids des suppliciés. Alors la foule présente se mit à réclamer la grâce des victimes ; finalement elle les délivra de force, et les moines du couvent de Saint-Conon les recueillirent dans une église voisine. Or il se trouva que l'un des prisonniers était Vert, mais que l'autre était Bleu ; les deux factions se trouvaient ainsi rapprochées par la communauté du péril. On le vit bien le surlendemain à l'Hippodrome. Avec insistance, Verts et Bleus demandèrent d'un commun accord à l'empereur de gracier les coupables ; le prince ne voulut rien entendre. Grave imprudence : maintenant, dans le cirque, à la vieille acclamation loyaliste : « Victoire à l'empereur Justinien ! » succédaient des clameurs redoutables : « Longue vie aux Verts et aux

Bleus unis pour la miséricorde » ; et se jetant dans la rue, se donnant pour mot de ralliement le cri de Nika (victoire), — c'est de là que la sédition a pris le nom qu'elle garde dans l'histoire, — les émeutiers se ruèrent par la ville. On se précipite à la préfecture de la ville, on réclame au préfet la mise en liberté des captifs : sur son refus on met le feu à son palais, on force les prisons, on délivre les prisonniers, on massacre les soldats qui essayent de rétablir l'ordre, et pendant toute la nuit le peuple en effervescence parcourt les rues de la capitale, cherchant, pour les tuer, les fonctionnaires qu'il détestait.

Le lendemain, 14 janvier, le flot populaire venait battre les grilles du palais, réclamant la destitution du chambellan Calopodios, du préfet Eudémon et par surcroît celle des deux conseillers du prince, Jean de Cappadoce et Tribonien. Justinien céda, il nomma Basilidès à la questure, Phocas à la préfecture du prétoire, et un moment, voyant les acclamations et les hymnes d'action de grâces dont le peuple accueillait, lorsqu'ils se présentèrent à lui, les nouveaux ministres, il put croire le péril conjuré. Au vrai, la concession impériale venait trop tard : elle ne fit qu'encourager une multitude furieuse, en lui donnant la conscience de sa force. La révolte devenait une révolution.

Jusque-là pourtant, la partie saine de la population s'était tenue à l'écart des événements et tout n'était pas perdu. Justinien crut habile de tenter un acte de vigueur. Le 15, il lança sur les insurgés les soldats barbares de la garde, sous le commandement de Bélisaire. Malheureusement, au cours de la lutte, ces rudes mercenaires bousculèrent les prêtres de Sainte-Sophie qui, tenant en main les saintes reliques, étaient sortis de la basilique pour essayer de séparer les combattants. Ce fut dans la dévote population de Byzance un déchaînement universel à la vue de ce sacrilège. Des fenêtres, du haut des toits en terrasse, on fit pleuvoir sur les troupes une grêle de tuiles et de pierres, et les femmes, particulièrement excitées, se mêlèrent activement à la bataille. Déconcertés, les soldats battirent en retraite vers le palais, et pour hâter leur déroute, le peuple victorieux mit le feu aux édifices publics du voisinage. Le Sénat, les bains de Zeuxippe, Sainte-Sophie, devinrent la proie des flammes ; le palais impérial lui-même fut atteint, et la Chalcé brûla avec une partie des casernes de la garde. Pendant trois jours, le feu, poussé par un vent violent, promena ses ravages par la ville, détruisant Sainte-Irène, le Xenodochium d'Eubule, les bains d'Alexandre, le grand hôpital de Sampson, qui brûla avec tous les malades qu'il renfermait, les boutiques du bazar, nombre de palais somptueux et de maisons particulières, tout le quartier, un des plus beaux de la ville, qui s'étendait de la place de l'Augustéon au Forum de Constantin. Plus d'un quart de la capitale fut réduit en cendres ; et parmi les amas de collines noirâtres, débris des édifices disparus, au milieu de la fumée, dans l'odeur de brûlé qui rendait la cité presque inhabitable, par les rues jonchées de cadavres, parmi lesquels on voyait beaucoup de cadavres de femmes, la bataille continuait : le pillage et l'incendie faisaient rage, et les gens paisibles, devant le péril croissant, fuyaient en masse de l'autre côté du Bosphore.

Au palais, le désarroi était grand. Malgré les renforts appelés en hâte des garnisons voisines, on manquait de troupes. Les corps de la garde, beaux soldats de parade, peu soucieux de recevoir des coups, eussent été en tout temps d'assez médiocre secours, mais par surcroît leur fidélité était fort incertaine, et la plupart d'entre eux, attendant pour prendre parti que les événements se fussent dessinés, restaient neutres entre l'empereur et l'émeute et, par leur attitude ambiguë, paralysaient la défense. Pour résister, Justinien ne pouvait compter que sur quelques vieux régiments récemment revenus de Perse avec Bélisaire et sur les vétérans qui formaient la garde particulière du général, au total deux ou trois mille hommes à peine, sur les trois mille Hérules de Mundus qui se trouvaient fort à propos de passage à Constantinople, sur ses spathaires et ses chambellans, enfin sur un petit nombre de fidèles demeurés attachés à sa fortune. C'était peu contre une ville soulevée. Aussi, fort inquiet, croyant déjà voir partout autour de lui des conspirateurs et des assassins, l'empereur de plus en plus perdait la tête. Dès le début de l'émeute, Hypatios et Pompéios, les neveux d'Anastase, étaient venus au palais protester de leur dévouement : malgré leurs supplications, il leur ordonna de retourner chez eux. Il ne voyait pas qu'il donnait ainsi aux insurgés la seule chose qui leur manquât, des chefs.

Le 18 janvier, sixième jour de la sédition, Justinien, qui n'avait pas dormi de la nuit, tenta un suprême effort. Par les couloirs qui menaient du palais à la loge impériale, il se rendit à l'Hippodrome, et faisant ouvrir les grandes portes de bronze de la tribune, il parut, tenant en main les Evangiles, et promit solennellement de pardonner à tous, si les révoltés mettaient bas les armes. « Moi seul suis cause de tout, disait-il humblement. Ce sont mes péchés qui m'ont fait vous refuser ce que vous me demandiez à l'Hippodrome. » Quelques timides acclamations accueillirent ces paroles, mais de toutes parts, les couvrant, montaient les injures : « Menteur, âne, parjure » ; les pierres volaient contre la tribune impériale ; les outrages pleuvaient sur Justinien et sur Théodora. Il n'y avait qu'à faire retraite.

Ce qui était à prévoir arriva. Le peuple, pressé de se donner un nouveau maître, et qui depuis plusieurs jours acclamait en toute occasion le nom d'Hypatios, alla dans son palais, où Justinien l'avait renvoyé, chercher le neveu d'Anastase. Vainement sa femme Marie s'attachait à ses vêtements, tout en larmes, criant qu'on menait son mari à la mort, et suppliait ses amis de lui venir en aide. Vainement lui-même se défendait. La foule enthousiaste l'entraîne au Forum de Constantin ; là, on l'élève sur un bouclier ; sur le front, en guise de diadème, on lui met le collier d'or d'un soldat ; on lui apporte les insignes de l'empire et la robe impériale enlevée dans le pillage de la portion envahie du palais. Puis, entraînant son nouveau chef, la foule se précipite à l'Hippodrome, on hisse Hypatios dans la loge impériale et les chefs de l'émeute, malgré les conseils de temporisation que leur donnent quelques hommes sages, commencent à discuter sur le meilleur moyen d'enlever d'assaut la résidence. Aussi bien, de toutes parts maintenant, le parti de l'insurrection se grossissait de tous les mécontents, de tous les indécis ; bon nombre de sénateurs, de nobles se déclaraient ouvertement pour le neveu d'Anastase ; et déjà le bruit courait que Justinien avait pris la fuite avec Théodora. Les jeunes gens du parti vert circulaient en armes par la ville, croyaient la victoire certaine, et l'inquiet Hypatios lui-même reprenait confiance en son destin.

C'était l'après-midi du 18 janvier. L'instant était décisif. « L'empire même, selon le mot d'un contemporain, semblait à la veille de sa chute. » La ville était en flammes ; à l'Hippodrome le peuple triomphant acclamait Hypatios et couvrait d'insultes le nom de Justinien et de Théodora ; le palais semblait sur le point d'être forcé. Sans espoir, sans ressources, l'empereur désespérait de réprimer la sédition et déjà il craignait de ne plus pouvoir défendre sa vie. En hâte, par les jardins qui donnaient sur la mer, on chargeait sur des vaisseaux les richesses du trésor impérial, et Justinien songeait à fuir par le même chemin. Dans un conseil suprême, le basileus délibérait avec ses derniers fidèles, Bélisaire, Mundus, Constantiolus, Basilidès, quelques serviteurs, quelques chambellans. Théodora assistait au conseil.

En cette tragique journée où Justinien affolé, la tête perdue, ne voyait plus de salut que dans la fuite, où ses ministres, ses généraux partageaient sa faiblesse, dans le découragement général, seule elle gardait le courage et le calme. Elle n'avait rien dit encore : tout à coup, au milieu du silence, elle se leva, et indignée de la lâcheté générale, elle rappela leurs devoirs à cet empereur et à ces ministres qui s'abandonnaient : « Quand il ne resterait, déclara-t-elle, d'autre salut que la fuite, je ne voudrais point fuir. Ceux qui ont porté la couronne ne doivent jamais survivre à sa perte. Jamais je ne verrai le jour où l'on cessera de me saluer du nom d'impératrice. Si tu veux fuir, César, c'est bien : tu as de l'argent, les vaisseaux sont prêts, la mer est ouverte ; pour moi je reste. J'aime cette vieille maxime, que la pourpre est un beau linceul. » Ce jour-là Théodora sauva le trône de Justinien, et dans cette lutte suprême où se jouaient son empire et sa vie, vraiment elle s'éleva par l'ambition jusqu'à l'héroïsme.

A cette énergique parole, Justinien et ses conseillers se ressaisirent. Pendant que l'habile Narsès, l'un des familiers de l'impératrice, s'employait à détacher les Bleus de la révolte et y réussissait à prix d'or, pendant qu'à la faveur de cette diversion, la discorde se mettait parmi les insurgés, et que déjà on entendait de nouveau retentir les acclamations loyalistes de « Vive Justinien ! Seigneur, protège Justinien et Théodora ! » Bélisaire et Mundus préparaient l'assaut de l'Hippodrome. A travers les débris enflammés, Bélisaire marche sur la loge impériale où se trouvait Hypatios ; mais les soldats de la garde qui occupaient le palais du Kathisma refusent de lui obéir, et s'obstinent à ne point prendre parti. Désespéré, le général rentra au palais, jugeant derechef la partie perdue, et il fallut cette fois que Justinien relevât son courage. Finalement, par la Chalcé et les portiques des Bleus, Bélisaire à grand'peine réussit à se frayer passage et à pénétrer dans l'arène, et mettant l'épée à la main, il chargea furieusement les révoltés. Au bruit de la bataille engagée, l'actif Mundus, qui n'attendait que ce signal, fait irruption à son tour avec ses barbares par l'extrémité opposée de l'Hippodrome, en forçant l'entrée qu'on appelait la porte des Morts ; et pendant que du haut des promenoirs de l'amphithéâtre les troupes impériales font pleuvoir sur la foule une grêle de flèches, d'autres, le glaive en main, ouvrent de larges trouées sanglantes à travers la multitude compacte et sans défense. Ce fut alors dans le cirque une épouvantable panique. Vainement on veut fuir ; l'émeute est cernée de toutes parts. Vainement on tente de résister : les vieux soldats de Bélisaire enfoncent tout et ne font quartier à personne. Jusqu'au soir on massacra impitoyablement ; tout ce qui tomba sous la main des soldats fut passé par les armes. A la nuit, quand l'œuvre de carnage s'arrêta, plus de trente mille cadavres, selon les uns, près de cinquante mille, selon d'autres témoignages, jonchaient le sol sanglant de l'Hippodrome.

Hypatios, arrêté par deux des neveux de l'empereur, sans que nul de ses partisans eût essayé de le défendre, fut, avec son cousin Pompéios, conduit devant Justinien. Pompéios, âme faible, mal faite pour de si tragiques événements, suppliait et pleurait ; Hypatios, plus ferme, protestait de son innocence, jurant que le peuple lui avait fait violence, ajoutant qu'en donnant aux rebelles l'ordre de se rendre à l'Hippodrome, il avait eu pour unique but de les livrer sans défense aux coups de Justinien. C'était vrai : malheureusement, dans les détours du palais, le messager d'Hypatios n'avait pu parvenir jusqu'à l'empereur. Aussi celui-ci, qui avait maintenant recouvré son sang-froid, répondit aux suppliants avec une ironie cruelle : « C'est fort bien. Mais puisque vous aviez tant d'autorité sur ces hommes, vous auriez bien dû en user avant qu'ils eussent brûlé ma capitale. » Et le lendemain de grand matin, il les fit exécuter. On jeta leurs cadavres au Bosphore.

Justinien pourtant, dit-on, eût pardonné peut-être, jugeant suffisante pour le châtiment l'épouvantable boucherie qui avait terminé cette bataille de six jours. Théodora, plus froidement cruelle, réclama des exécutions. Elle avait, raconte un contemporain, juré par le saint nom de Dieu et sur sa propre tête, de ne point épargner les chefs de la révolte, et elle avait arraché à l'empereur un semblable serment. Elle exigea l'accomplissement de la promesse, et il fallut lui obéir. D'autres rigueurs suivirent. Un certain nombre de patrices et de sénateurs, compromis dans le soulèvement, furent condamnés à mort ou envoyés en exil ; leurs biens furent confisqués au profit du trésor ou distribués comme récompense aux familiers du palais. On poursuivit avec une âpreté particulière ceux qui semblaient avoir trahi le gouvernement légitime, les courtisans qui avaient douté de sa solidité, les soldats des gardes qui avaient hésité à le défendre, les gens de la faction bleue qui avaient fait cause commune avec les Verts. Sur l'ordre de l'empereur, le préfet de la ville commença une longue enquête, et dans la capitale la terreur régna.

L'insurrection était domptée, et Justinien pouvait, à juste titre, dans une proclamation adressée à toutes les cités de l'empire, annoncer qu'il avait vaincu les usurpateurs soulevés contre lui. Mais c'est à Théodora surtout qu'il devait son triomphe, et c'est pourquoi, dans la vie de l'impératrice, la sédition Nika marque une heure décisive. En ce jour de crise, elle s'était révélée homme d'Etat et fort supérieure, par le sang-froid et l'énergie, à son impérial associé ; et par là, comme on l'a dit spirituellement, elle avait vraiment mérité dans le conseil de l'empire la place que jusque-là elle ne devait peut-être qu'à la faiblesse de l'empereur. Elle la conserva désormais, et Justinien reconnaissant n'eut garde de la lui marchander. Et comme elle avait le sens des grandes affaires et l'esprit de suite qui les fait aboutir, le sentiment très net des nécessités du gouvernement et la vue claire des réalités possibles, non seulement elle gouverna en maîtresse, associée à tous les actes de l'autorité impériale, mais encore elle gouverna bien.

VI

LE GOUVERNEMENT DE THÉODORA

Paul le Silentiaire, courtisan et poète, dans une pièce de vers adressée à Justinien, près de quinze ans après la mort de Théodora, célébrant le souvenir de « l'excellente, belle et sage souveraine », rappelait qu'elle avait été en son vivant, dans toutes les grandes affaires, l'active collaboratrice de son époux. Tous les contemporains s'accordent à dire qu'elle usa sans scrupules de l'influence sans bornes que lui laissa prendre l'empereur, qu'elle exerça l'autorité autant que lui, et peut-être davantage, et Justinien lui-même en a fait quelque part officiellement l'aveu. En tête de la grande ordonnance de 535, qui réforma l'administration de la monarchie et fut l'un des

actes les plus considérables du règne, il s'est plu
à constater que, cette fois encore, avant de rien
décider, il a tenu à prendre conseil de la « révé-
rendissime épouse que Dieu lui a donnée ». Passionnément épris, et jusqu'aux derniers jours, de
la femme que jeune il avait adorée, irrésistible-
ment subjugué par cette intelligence supérieure,
par cette volonté résolue et forte, il ne lui refusa
rien, ni les honneurs, ni les réalités du pouvoir
suprême. Pendant vingt et un ans qu'elle régna,
elle mit la main partout, dans l'administration
qu'elle peupla de ses protégés, dans la diplomatie, dans la politique, dans l'Eglise. Et si son
influence fut fâcheuse parfois, si son avidité, sa
violence, son orgueil, en excitant encore l'orgueil et l'avidité de l'empereur, inspirèrent assurément des mesures regrettables, il faut reconnaître aussi qu'elle eut souvent une vue juste
des intérêts de l'Etat, et que la politique qu'elle
rêvait, si le temps lui avait permis de réaliser
pleinement son œuvre, eût, en faisant l'empire
byzantin plus solide et plus fort, changé peut-
être le cours même de l'histoire.

Aujourd'hui encore, maint témoignage atteste
la place éminente qu'elle occupa dans le gouvernement de la monarchie. Sur les murailles des
églises que bâtit Justinien, par-dessus la porte

dès citadelles qu'il fit construire, on lit, associé
à celui de l'empereur, le nom de Théodora ; sur
les chapiteaux de Saint-Serge et de Sainte-Sophie, son monogramme figure à côté de celui du
basileus, et les inscriptions vantent, avec la piété
qui illuminait son âme, l'activité, les labeurs
infatigables de l'impératrice « couronnée de
Dieu ». A Saint-Vital de Ravenne, dans l'abside
solitaire où flamboient les mosaïques d'or, son
image fait pendant à celle de son impérial époux,
et de même, dans les tableaux de mosaïque qui
décoraient les appartements du Palais Sacré, la
volonté de Justinien avait associé Théodora aux
triomphes militaires et aux gloires les plus éclatantes du règne. Sur les sceaux impériaux, elle
apparaît à côté du souverain ; par tout l'empire,
des villes, des provinces, s'enorgueillissent de
prendre en l'honneur d'elle les noms de Théo-
doriade et de Théodoropolis. Comme à Justinien,
la reconnaissance des cités lui dressa des statues ;
et, comme à Justinien, les fonctionnaires prêtè-
rent serment de fidélité à celle qui toute sa vie
fut l'égale de l'empereur. Evêques et magistrats,
généraux, gouverneurs de provinces, jurèrent
« par Dieu tout-puissant, par son fils unique Jésus-
Christ Notre-Seigneur, par le Saint-Esprit, par
la sainte et glorieuse Théotokos, Marie toujours

vierge, par les quatre Evangiles, par les saints archanges Michel et Gabriel, de faire bon service aux très pieux et très saints souverains Justinien et Théodora, femme de Sa Majesté impériale », et dans l'exercice de la magistrature que leur avait conféré la bienveillance des deux princes, « de travailler sans dol ni fraude à l'avancement de leur commune autorité ». Ainsi, maîtresse de tout, et sûre de son crédit, Théodora régla toutes choses à sa guise, dans l'Etat comme dans l'Eglise ; et alors même qu'elle sentit parfois échapper à ses prises l'âme indécise de Justinien, alors même que, devant les circonstances ou devant des influences plus fortes, momentanément elle sembla céder, toujours son esprit audacieux et souple sut se ménager pour l'avenir des revanches éclatantes : ambitieuse et rusée, toujours elle prétendit en toutes choses avoir le dernier mot, et elle y réussit.

A son caprice, elle fit et défit, selon ses intérêts, les papes et les patriarches, les ministres et les généraux, aussi âpre à pousser la fortune de ses favoris, qu'ardente à ruiner le crédit et la puissance de ses adversaires. Elle savait également bien haïr et aimer. Si haute que fût la situation d'un homme, si grands services qu'il eût rendus, si cher qu'il pût être à l'empereur lui-même, sa perte était certaine s'il avait le malheur de déplaire à Théodora : tôt ou tard, elle arrachait à l'empereur sa disgrâce. Si quelque fonctionnaire se flattait de faire son chemin sans sa protection, il ne lui en coûtait guère moins : tôt ou tard, une brusque destitution lui apprenait qu'en dehors de Théodora il n'était point de chemin sûr vers les honneurs. Inversement, « l'impératrice fidèle », comme l'appelaient ses amis, ne se ménageait point pour ceux à qui elle s'était une fois attachée, ne leur demandant en échange que de la servir avec une aveugle fidélité. Toute l'administration savait que mériter sa faveur était un sûr garant contre toutes les disgrâces, un infaillible moyen de parvenir vite et de monter haut, et toute l'administration se comportait en conséquence.

On sait déjà comment de Pierre Barsymès elle fit un préfet du prétoire ; de même l'eunuque Narsès lui dut toute sa fortune. Grandi dans les emplois de la domesticité palatine, ce petit homme d'apparence fragile et grêle, d'allure délicate, de manières élégantes, sut bien vite faire apprécier de l'impératrice ses hautes qualités, son intelligence déliée, sa souple et ingénieuse habileté, sa ferme et froide énergie. Elle fit de lui son confident, l'instrument de ses desseins politiques; elle fit de lui un diplomate, qui réussit à merveille dans les missions de confiance dont elle le chargea ; elle fit de lui un général, qui balança la renommée et la gloire de Bélisaire. Sans doute elle se trompa parfois dans ses choix ; ainsi lorsqu'elle soutint envers et contre tous, parce qu'il avait épousé une parente de sa favorite Antonine, le jeune et incapable Sergius, nommé au gouvernement général d'Afrique, et qui manqua par ses maladresses y ruiner l'autorité de l'empereur. Mais en général ceux qu'elle protégea se montrèrent dignes de sa bienveillance et ardemment dévoués aux grandes tâches qu'elle leur proposa.

On verra plus loin comment, dans le domaine des choses religieuses, elle ne mit pas moins de constance à défendre ou à pousser ses favoris, Anthime dont elle fit un patriarche de Constantinople, Vigile dont elle fit un pape, Sévère d'Antioche et Théodose d'Alexandrie, Jean de Tella et Jacques Baradée. On verra surtout avec quelle âpre énergie elle frappa tous ceux qui semblèrent échapper à son influence et qui tentèrent de ruiner son crédit, les généraux comme Bélisaire ou Boutzès qui ne s'inclinèrent pas assez humblement devant son autorité, les ministres comme Jean de Cappadoce ou Priscus qui se risquèrent à lui disputer en face le pouvoir, les papes comme Silvère qui refusèrent d'obéir à ses volontés. Contre ceux-là, elle mit tout en œuvre, la perfidie, la cruauté, la brutalité. Et grâce à ces leçons éloquentes, tout le monde comprit que les ordres de Théodora devaient être partout respectés, et que, s'ils étaient en contradiction avec les instructions de Justinien, — la chose arrivait parfois, — il était plus prudent et plus politique d'obéir à l'impératrice qu'à l'empereur.

Théodora, en effet, quand il était besoin, n'hésitait pas à contrecarrer ouvertement les volontés de son mari. Un de ses familiers, le prêtre monophysite Julien, qui vivait dans l'entourage de Théodose, le patriarche déposé d'Alexandrie, avait formé le projet d'aller évangéliser les païens de Nubie. L'impératrice l'y encouragea fort ; mais à cette nouvelle, Justinien se mit en tête de confier la mission à des prêtres orthodoxes, et il prépara une ambassade chargée d'apporter au roi de Nubie de l'argent, des cadeaux précieux et des vêtements de baptême ; ordre était en même temps expédié au duc de Thébaïde d'appuyer de tout son pouvoir les envoyés du basileus. Que fit alors Théodora ? Elle envoya de son côté au gouverneur de la Thébaïde une lettre courte, mais énergique. On y lisait ceci : que l'impératrice entendait que son émissaire parvînt en Nubie avant celui de l'empereur, et que si le gouverneur ne s'arrangeait point, sous un prétexte quelconque, à retenir les agents du basileus, de façon à laisser Julien prendre l'avance, il y allait de sa vie. Entre ces instructions contraires, mais également augustes, le duc de Thébaïde n'hésita pas : les missionnaires de Théodora passèrent en Nubie les premiers, bien escortés et en grand équipage. Quand ceux de Justinien arrivèrent, on leur expliqua, en leur présentant toutes sortes d'excuses, qu'il n'y avait pas pour l'instant une seule bête de somme disponible, les gens de l'impératrice ayant tout réquisitionné et montré des ordres formels qu'on n'avait pas osé transgresser. Aussi l'ambassade du basileus arriva-t-elle trop tard, et trouvant la place prise, n'obtint aucun résultat. L'histoire ne dit point si le duc de Thébaïde, qui avait si bien servi Théodora, obtint de l'avancement : on le peut croire. Mais on juge aisément combien de tels incidents ajoutaient au prestige et à la puissance de la basilissa.

Théodora ne s'occupait pas seulement à remplir l'administration de ses créatures et à donner à tous les fonctionnaires une haute idée de son crédit. Très soucieuse des intérêts vitaux de

l'Etat, elle avait ses idées sur le gouvernement,
sa politique et sa diplomatie personnelles. Il y a,
dans la législation de Justinien, toute une série
de mesures dont elle fut certainement l'inspira-
trice. Les unes, sur lesquelles nous reviendrons,
ont trait à l'un des objets ordinaires de ses pré-
occupations, l'amélioration de la condition des
femmes ; les autres, de plus haute portée encore,
se rapportent à la réforme de l'administration
publique. Avec son intelligence d'homme d'État,
Théodora voyait fort nettement les deux maux
qui compromettaient la solidité de l'empire, la
crise financière et la crise religieuse. Bien qu'elle
eût de grands besoins d'argent, elle sentait,
comme Justinien, l'imprudence qu'il y avait à
trop pressurer les sujets et à augmenter ainsi un
mécontentement croissant ; c'est pour cela qu'elle
inspira à l'empereur la grande ordonnance de
535, qui réglait les devoirs des fonctionnaires
et leur prescrivait d'être désormais équitables,
honnêtes, paternels envers leurs administrés ;
c'est pour cela, en partie du moins, qu'elle entra
en lutte avec le ministre vénal, dur et corrompu
qu'était Jean de Cappadoce. Elle n'était pas
moins préoccupée des questions religieuses.
Tandis que Justinien, séduit par la grandeur des
souvenirs romains, s'exaltait aux conceptions

d'une pensée tour à tour magnifique et fumeuse, tandis qu'il rêvait de restaurer l'empire des Césars et d'y assurer par l'union avec Rome le règne de l'orthodoxie, Théodora, plus fine, et plus perspicace, tournait les yeux vers l'Orient. Elle sentait que ces riches et florissantes provinces d'Asie, de Syrie, d'Égypte, constituaient vraiment les forces vives de la monarchie ; elle sentait le danger que créaient pour l'empire les dissidences religieuses par lesquelles, dans ces régions, les nationalités orientales manifestaient dès ce moment leurs tendances séparatistes ; elle sentait la nécessité d'apaiser par d'opportunes concessions et une large tolérance les mécontentements menaçants, et lorsqu'elle s'efforçait de diriger vers ce but la politique impériale, on peut, sans paradoxe, affirmer qu'elle voyait plus juste que son impérial associé et pressentait plus clairement l'avenir.

Jusqu'à son dernier jour, avec une attention constante, avec une prodigieuse ténacité, avec une ingéniosité de ressources merveilleuse, elle s'est efforcée de résoudre la question religieuse, ou plutôt la question politique qui se cachait sous les apparences de la religion. Mais ce n'était point, comme Justinien, par goût de la controverse, pour le stérile plaisir de dogmatiser.

Théodora était de la famille des grands empereurs de Byzance qui, sous la forme passagère et changeante des querelles théologiques, ont toujours su voir le fond permanent des problèmes politiques. Et c'est pourquoi, au nom des intérêts de l'Etat, résolument elle poursuivit sa voie, protégeant ouvertement les hérétiques, bravant audacieusement la papauté, entraînant à sa suite Justinien indécis et troublé, se jetant à corps perdu dans la bataille, sans jamais vouloir s'avouer vaincue. Jusqu'à son dernier jour elle lutta pour ses croyances, tenacement, en homme d'Etat, passionnément aussi, en vraie femme, souple ou brutale selon les circonstances, assez audacieuse pour faire arrêter et déposer un pape, assez habile pour se flatter d'en soumettre un autre à ses volontés, assez courageuse pour protéger ses amis persécutés et leur fournir les moyens de reconstituer leur église, assez adroite pour imposer souvent, quoi qu'il en eût, sa politique à l'empereur.

Elle ne fut pas moins attentive à conduire les affaires de la monarchie. Elle recevait volontiers les ambassadeurs et ceux-ci, qui savaient son crédit, s'empressaient à lui faire leur cour. Elle correspondait directement avec les souverains étrangers, et ceux-ci, pour se concilier ses bonnes grâces, flattaient volontiers sa vanité de parvenue et son goût effréné du pouvoir. Avec eux, par-dessus la tête de l'empereur, et en dehors des bureaux de la chancellerie, elle entretenait toute une diplomatie secrète. Quand Justinien pensa à porter la guerre en Italie, et se prépara à rompre avec Théodat, roi des Goths, l'ambassadeur byzantin, Pierre, chargé de signifier au prince barbare l'ultimatum impérial, était un serviteur dévoué de Théodora, et la correspondance assez mystérieuse que la souveraine eut à ce moment avec la cour de Ravenne, semble indiquer qu'elle poursuivait d'autres desseins encore que les projets officiellement formés par son époux. Faut-il croire, comme le raconte l'*Histoire Secrète*, qu'elle conseilla l'assassinat d'Amalasonthe, la fille du grand Théodoric, parce qu'en cette princesse, intelligente, distinguée et belle, elle craignait une rivale capable de lui ravir le cœur de son époux ? Rien ne le prouve. Mais il ressort de ses lettres qu'elle proclamait volontiers son crédit auprès de Justinien dans la conduite de la diplomatie. Elle invitait Théodat à faire transmettre par elle les requêtes qu'il voudrait adresser au basileus ; elle écrivait au ministre de Chosroès, roi des Perses : « L'empereur ne décide jamais rien sans me consulter. »

Assurément cette influence ne fut point toujours également heureuse, et on se moquait parfois, dans les cours voisines, de cet empire qu'une femme gouvernait. Sous ses qualités d'homme d'Etat, Théodora en effet restait femme, et par là, par la violence de ses passions et l'ardeur de ses haines, souvent elle agita assez inutilement la monarchie. Elle aimait l'argent : elle conseilla, pour s'en procurer, bien des mesures iniques et vexatoires. Elle aimait ses amis : elle s'occupa d'eux parfois avec un peu trop de sollicitude. Elle assura l'avenir des siens avec un souci peut-être excessif des affections de famille. Sa sœur aînée, Comito, l'ancienne actrice, épousa par ses soins un officier de haut rang, Sittas, qui avait été le compagnon de jeunesse et demeurait le confident de l'empereur. Elle essaya d'unir son petit-fils Athanase à la fille de Bélisaire et de lui assurer ainsi l'immense fortune du général ; elle le fit à tout le moins, quand ce projet eut échoué, prodigieusement riche et très influent à la cour. Elle maria sa nièce Sophie à un neveu de Justinien, le curopalate Justin, héritier présomptif de l'empire. Son oncle Théodore, le frère de sa mère, devint patrice, président du sénat ; il fut, dans la guerre de Perse, chargé de commandements importants et il resta

l'un des conseillers les plus écoutés de l'empereur, jusqu'au jour où il renonça au monde pour
se retirer au monastère de Chora. De même
plusieurs autres parents de Théodora parvinrent
par sa faveur à des emplois considérables et
lucratifs. Elle aimait le pouvoir enfin : pour le
conserver sans partage, elle ne recula devant
rien, et, quand ses intérêts furent en jeu, elle
se montra sans hésiter perfide, violente, cruelle,
inflexible pour tous ceux qui avaient mérité sa
haine, et elle troubla ainsi par d'invraisemblables intrigues le palais et la cour.

Toute sa vie, Théodora regretta amèrement de
n'avoir point de fils qui pût faire monter sur le
trône de Byzance sa descendance directe. Lorsque en 530 le grand solitaire de Palestine, saint
Sabas, vint à Constantinople et y fut reçu avec
des honneurs presque royaux, Théodora, comme
Justinien, vint se prosterner aux pieds du bienheureux et solliciter humblement sa bénédiction.
Puis un jour elle le prit à part, et le supplia de
prier le ciel qu'il accordât enfin des enfants à
l'impératrice. Saint Sabas refusa net : « Cette
femme, disait-il brutalement, ne pourrait mettre
au monde que des ennemis de l'Eglise. »

Elle ne se consola jamais que son mariage fût
demeuré stérile. Mais du moins, tant qu'elle

vécut, elle gouverna en maîtresse, et quels
que fussent ses défauts et ses vices, elle n'en a
pas moins marqué profondément de son empreinte le gouvernement de Justinien. Elle
morte, une décadence commença, où s'acheva
tristement, sous un prince fatigué et vieilli,
un règne longtemps glorieux.

VII

LES RANCUNES DE THÉODORA ·

Parmi les princes de la famille impériale, le patrice Germanos, neveu de Justinien, était le plus remarquable et le plus populaire. Admirable soldat, général énergique, diplomate habile, il avait réussi dans toutes les tâches dont l'avait chargé la confiance du basileus ; il s'était particulièrement distingué en Afrique où, par un mélange ingénieux de concessions opportunes et de ferme rigueur, il avait su en quelques mois réduire une insurrection formidable et rétablir dans la province l'ordre et la paix. Partout où il avait passé, il avait laissé de glorieux souvenirs. L'armée l'adorait ; dès qu'il était désigné pour commander en chef, les mercenaires s'empressaient à s'enrôler sous ses étendards, et les barbares eux-mêmes s'honoraient de servir sous ses ordres. Les provinciaux l'aimaient pour son courage, pour le soin qu'il avait de la bonne administration et de la justice, pour la terreur aussi que son nom seul inspirait aux ennemis de la monarchie. Il n'était pas moins hautement apprécié dans la capitale. Très préoccupé du bon renom du gouvernement, scrupuleux observateur des lois, il portait au palais et dans la vie publique une dignité calme et fière, se tenant attentivement à l'écart des intrigues qui troublaient trop souvent la cour de Justinien, ne sacrifiant — chose rare à Byzance — ni aux passions du cirque, ni aux rivalités des factions. Fort riche, il était libéral, prêtait volontiers à tous ceux qui le lui demandaient, sans même réclamer d'intérêts. Enfin, d'humeur aimable et enjouée, il ne jugeait point que son rang de prince l'obligeât à une morgue inutile ; il recevait bien, accueillait obligeamment dans sa maison et à sa table. Par ses grandes qualités, par ses rares vertus, Germanos était une des plus nobles figures de l'entourage de Justinien.

Pour toutes ces raisons, il était mal en cour. Trop aimé, trop populaire, il inquiétait un peu l'esprit toujours soupçonneux de l'empereur ; trop sérieux, trop distingué, trop libéral, il déplaisait encore davantage à l'impératrice, à qui son attitude semblait une critique trop visible des façons d'être ordinaires des souverains. En lui, Théodora détestait en outre l'héritier probable de cet empire qu'elle eût tant souhaité assurer à sa postérité ; peut-être lui savait-elle mauvais gré aussi du mariage trop illustre qu'il avait contracté avec une petite-fille de Théodoric le Grand et qui soulignait un peu trop vivement l'humble naissance de la basilissa. Mais par-dessus tout elle sentait en lui un rival possible, dont elle voulut à tout prix annuler l'influence. Aussi ne lui ménagea-t-elle point les marques de sa défaveur.

Peu à peu, sous l'influence de sa femme, Justinien, qui d'abord avait volontiers fait appel aux talents de son neveu, finit par le tenir à l'écart, sans emploi, presque en disgrâce, et de même il laissa languir en des fonctions obscures les deux fils du prince, dont la nature ambitieuse et ardente éveillait ses soupçons. Bientôt, chaque jour davantage apparurent non équivoques les marques de la mauvaise volonté impériale. Germanos avait un frère, Boraïdès ; il vint à mourir, léguant à Germanos et à ses fils la plus grande partie de son énorme fortune ; aussitôt Justinien cassa le testament, sous prétexte que le mort laissait une femme et une fille, qu'il ne pouvait ainsi presque complètement déshériter. La haine de Théodora se manifestait plus ouvertement encore, à ce point que, par peur de l'impératrice, nul n'osait s'allier à la famille de Germanos. Outre ses fils, le prince avait une fille : à dix-huit ans elle n'était point mariée. Un prétendant pourtant se présenta enfin. C'était un officier de l'armée de Bélisaire, Jean, neveu de ce Vitalien, qui jadis, à la cour de Justin, avait balancé un moment la fortune de Justinien. Assez mal vu au palais à cause de cette parenté, mais brave, audacieux et démesurément ambitieux, il pensa que, n'ayant pas grand'chose à espérer du côté du gouvernement, il trouverait quelque profit à chercher fortune dans l'opposition : il demanda donc à Germanos la main de sa fille. C'était un parti médiocre pour une petite-nièce d'empereur ; Germanos cependant accepta avec enthousiasme ce gendre inespéré, et les deux hommes avaient, chacun de son côté, une telle peur de voir se rompre le projet caressé, qu'ils se lièrent l'un à l'autre par les serments les plus solennels. A cette nouvelle, Théodora entra dans une violente colère ; par tous les moyens, par l'intrigue, par la menace, elle s'efforça d'empêcher le mariage. Rien n'y

fit. Elle finit alors par déclarer fort ouvertement
que Jean pourrait bien payer sa hardiesse de sa
tête, et comme depuis fort longtemps déjà l'officier était par surcroît en mésintelligence déclarée avec Bélisaire, ce ne fut pas sans quelque
appréhension que Jean, le mariage conclu, retourna à l'armée d'Italie. Antonine s'y trouvait,
la favorite et l'âme damnée de Théodora, et nul
ne doutait que l'impératrice n'eût chargé cette
habile intrigante du soin de sa vengeance. Il
faut ajouter, pour l'honneur de Théodora, que
le gendre de Germanos ne semble pas avoir eu
à se repentir d'avoir osé braver l'animosité de la
souveraine. Germanos toutefois et ses fils furent
moins heureux. Tant que la basilissa vécut, ils
restèrent en disgrâce, et par ses calomnies inté-
ressées, Théodora avait su si bien prévenir contre eux l'esprit de Justinien, qu'après la mort
même de sa femme, l'empereur fut longtemps
avant de croire en leur fidélité et de leur rou-
vrir le chemin des honneurs.

Ainsi, pour tenir Justinien en sa main, Théodora prit soin d'écarter tous ceux dont l'influence
pouvait contre-balancer la sienne. Sa rancune fut
plus impitoyable encore pour ceux qui osèrent
discuter son autorité ou tenter de ruiner son
crédit.

On était en 542. Justinien était gravement malade de la peste qui ravageait alors Constantinople, et déjà le bruit de sa mort s'était répandu dans la capitale et dans l'armée. Plusieurs des généraux, désireux de profiter d'un changement de règne, déclarèrent que, si le prince venait à mourir, ils ne laisseraient point à Byzance, c'est-à-dire au palais et à l'impératrice, le droit de faire un empereur. C'étaient là des propos que Théodora ne pardonnait point. Aussitôt que le rétablissement du basileus eut raffermi son autorité, elle manda à Constantinople ceux que ses espions lui dénonçaient comme les principaux coupables, Bélisaire et Boutzès. Le premier, brusquement relevé de son commandement, tomba en pleine disgrâce et craignit même un moment pour sa vie. L'autre, invité par Théodora à se rendre au gynécée impérial pour une communication importante, fut arrêté et emprisonné dans l'un des cachots souterrains où l'impératrice, dit-on, faisait secrètement disparaître ses victimes. Pendant plus de deux ans il languit dans cet enfer, vivant dans une nuit perpétuelle, ne parlant à nul être vivant : les geôliers qui lui portaient sa nourriture avaient ordre de ne jamais lui adresser un mot. Et tout le monde le croyait mort, et personne n'osait même, par prudence, prononcer un nom qui rappelait de ténébreuses histoires, lorsque tout à coup Boutzès reparut. Théodora avait finalement pris pitié de sa victime ; mais en lui rendant la liberté, elle le renvoyait presque méconnaissable. De sa longue captivité, Boutzès garda, dit Procope, la vue presque détruite, la santé ruinée pour toujours.

Pareille disgrâce frappa le secrétaire Priscus, que la faveur de Justinien avait porté à la haute charge de commandant des gardes, et qui, fier de la sympathie que lui marquait le prince, se crut de taille à lutter contre Théodora. C'était un assez méchant homme, qui s'était par ses fonctions poussé dans l'intimité du basileus et avait su lui plaire par une affectation de zèle et de dévouement. Il avait d'abord tiré parti de sa situation pour faire une fort belle fortune. Il ne tarda pas à rêver davantage : se fiant, assez imprudemment, en l'amitié de l'empereur, exalté d'ailleurs par les grands emplois auxquels il s'était élevé, et par le consulat dont il était alors revêtu, il prit des airs arrogants, une attitude insultante à l'égard de la basilissa, il se permit même de parler d'elle en des termes fort injurieux. Théodora n'était point femme à tolérer de telles incartades ; mais si profonde était l'influence du favori sur le maître, si réelle l'affection de Justinien pour son conseiller, que d'abord l'impératrice ne put rien obtenir. Elle se décida alors à un acte de vigueur et d'audace. De force, elle fit embarquer son ennemi pour Cyzique, où il fut prestement tonsuré et contraint d'entrer dans les ordres. Devant le fait accompli, Justinien, avec son habituelle faiblesse, s'inclina. Jamais plus il ne s'informa de ce qu'était devenu Priscus ; il se contenta de confisquer à son profit l'immense fortune de son ancien favori.

Bien d'autres gens encore éprouvèrent l'implacable violence des haines de Théodora. Bassianos, comme Priscus, s'était permis des impertinences sur le compte de l'impératrice. C'était risquer gros, surtout lorsque, comme c'était le cas de ce jeune homme, on avait le malheur d'appartenir à la faction verte. Aussi Bassianos, sachant à quoi il était exposé, avait-il cherché asile dans l'église de Saint-Michel-Archange. Sans respect pour la sainteté du lieu, Théodora l'y fit arrêter ; mais, comme elle était fort adroite, elle n'eut garde de mettre en avant son injure personnelle ; Bassianos fut incarcéré sous l'inculpation de mœurs infâmes et rapidement condamné par un magistrat complaisant à la peine capitale dont la loi punissait ce crime. Vainement la multitude, émue de la grâce et de

la beauté de l'élégant jeune homme, réclamait à
grands cris sa mise en liberté. Par un raffinement
de cruauté, Théodora ordonna qu'à la peine ordinaire on ajoutât l'aggravation d'une mutilation
honteuse ; après quoi, selon l'habitude, elle fit
confisquer au profit du trésor la fortune de sa
victime.

Elle n'était pas moins ardente à venger les
injures de ses amis que les siennes mêmes. Lorsque Photius, le beau-fils de Bélisaire, se mit
en tête de défendre l'honneur conjugal de son
père adoptif et osa en plein jour, dans l'église
d'Ephèse, enlever l'amant d'Antonine, Théodora
lui fit payer cher cette audacieuse violence.
Arrêté, battu de verges comme un esclave, Photius fut soumis aux plus atroces tortures, pour lui
arracher le secret de l'endroit où il avait caché
son prisonnier ; mais, chose inattendue, cet
homme de santé délicate, cet élégant très soucieux de son corps, montra dans les supplices
une énergie inouïe. On n'en put tirer aucun
aveu. Alors Théodora le fit enfermer dans un
de ses terribles cachots souterrains. Il s'échappa et alla chercher asile dans l'église de la
Théotokos. Repris, incarcéré de nouveau, il
s'évada encore, et cette fois courut se réfugier
à Sainte-Sophie, comptant que nul n'oserait

l'arracher de ce sanctuaire vénéré entre tous. Mais rien ne désarmait la haine de Théodora. Sur son ordre, le clergé de la Grande Église, pris de peur, livra le suppliant. Pour la troisième fois, Photius rentra dans sa prison. Il y resta trois ans, et il commençait à désespérer, lorsqu'un miracle, dit-on, se produisit en sa faveur. Le prophète Zacharie lui apparut en songe et lui promit de l'aider dans sa fuite. Une fois encore, Photius réussit à sortir des prisons impériales et, plus heureux cette fois, il parvint, ayant dépisté les émissaires lancés à sa poursuite, à gagner Jérusalem. Il y entra au couvent, jugeant qu'ainsi seulement il pourrait échapper à la vengeance de Théodora. Il devait plus tard, après la mort de Justinien, rentrer en grâce au palais, et, chose curieuse, devenir le favori de l'impératrice Sophie, la propre nièce de sa persécutrice d'autrefois.

Tous ceux qui avaient aidé Photius dans son entreprise partagèrent sa disgrâce. Plusieurs de ses familiers furent, par ordre de Théodora, ou battus de verges ou exilés ; d'autres disparurent plus mystérieusement encore. Son ami, le sénateur Théodose, qui avait pris part au coup d'Ephèse, fut traité avec une particulière atrocité. On le jeta dans les prisons souterraines de

l'impératrice, et comme un animal, on l'attacha
à un râtelier, enchaîné de si court qu'il lui était
impossible de se baisser. Il vécut là, obligé de
rester constamment debout, mangeant et dor-
mant comme une bête ; au bout de quatre mois
de ce régime, il était fou furieux. Alors on le
laissa aller, et peu de temps après il mourut.
Ses biens naturellement avaient été confisqués.

Théodora pourtant échoua parfois dans ses
vengeances. Diogène, un homme de grande
naissance, était fort populaire dans la capitale,
et quoiqu'il appartînt à la faction des Verts, il
était fort aimé de l'empereur lui-même. Pour
tout cela, l'impératrice le détestait et s'appliquait à le perdre. Procope a oublié d'expliquer
pourquoi, en cette circonstance, elle renonça à
ses façons expéditives et secrètes ; toujours est-
il que Diogène fut traduit devant un tribunal,
sous l'inculpation de mœurs infâmes. Théodora
avait pris soin de préparer des témoins à charge
parmi les esclaves de l'accusé. Mais il se trouva
que les juges, prenant au sérieux leur rôle, ne
considérèrent point les dépositions comme suffi-
samment probantes. Pour corser le procès, la
souveraine fit alors arrêter l'un des familiers de
Diogène, Théodore, et alternant la douceur et les
violences, elle essaya de le déterminer à témoi-

gner contre son maître. Comme elle n'obtenait rien, elle s'avisa d'un épouvantable supplice. Elle ordonna de mettre un nerf de bœuf autour de la tête du prisonnier et de serrer jusqu'à ce que les yeux sortissent des orbites : malgré tout, l'homme ne céda point. Finalement le tribunal, estimant l'affaire peu claire, acquitta Diogène aux applaudissements de la capitale et au grand mécontentement de Théodora.

Si l'on voulait examiner d'un peu près quelques-unes des anecdotes que j'ai rapportées d'après l'*Histoire Secrète*, on y trouverait, en bonne critique, plus d'un détail sujet à caution. On comprend mal, il faut l'avouer, comment, ayant à son service tant de moyens mystérieux et sûrs de perdre ses adversaires, Théodora prenait plaisir à leur faire intenter publiquement des procès, d'où ils pouvaient parfois sortir acquittés. Il est certain d'autre part que de ces redoutables prisons souterraines, dont Procope nous a fait un si sombre et si dramatique tableau, on s'échappait, tout compte fait, — l'histoire de Photius le montre, — assez aisément ; et l'exemple de Boutzès lui-même qui, après y avoir passé, reparaît ensuite, non seulement dans les conseils de l'empereur, mais à la tête des armées, prouve qu'on n'y était pas nécessairement réduit à l'état de

ruine vivante sous lequel il a plu au pamphlétaire de nous représenter l'infortuné général.
Enfin, de l'aveu même de l'auteur de l'*Histoire
Secrète*, la terrible femme qu'était Théodora était
capable parfois de pitié et de pardon, ce qui
s'accorde assez mal avec les rancunes implacables
qu'il lui prête, et c'est un fait aussi que ses plus
dangereux adversaires payèrent non de la mort,
mais simplement de l'exil, l'opposition qu'ils
osèrent lui faire, ce qui contraste un peu avec les
goûts sanguinaires qu'on lui attribue.

Mais sans grossir à plaisir la liste de ses cruautés et de ses victimes, il ne faut point pourtant
vouloir faire Théodora trop clémente et trop
bonne. Quand ses intérêts étaient en jeu, elle ne
reculait devant rien ; un assassinat ne l'eût point
effrayée, si elle l'eût jugé utile ou nécessaire. L'a-
venture de Priscus ou celle de Germanos montrent de quoi elle était capable quand son pouvoir
était en jeu. L'histoire de la disgrâce de Jean de
Cappadoce est plus caractéristique encore : en
même temps qu'elle fait pénétrer un peu dans les
mœurs de cette cour byzantine, si fertile en intrigues et en complots, elle éclaire d'une assez
vive lumière le caractère passionné, l'âme ambitieuse, l'esprit vindicatif, l'énergie sans scrupules, l'habileté perfide de l'impératrice Théodora.

VIII

THÉODORA ET JEAN DE CAPPADOCE

Depuis dix ans, Jean de Cappadoce occupait
la haute charge de préfet du prétoire, qui faisait
de lui tout ensemble le ministre des finances, le
ministre de l'intérieur et presque le premier
ministre de la monarchie. Parti de très bas, de
naissance fort humble, d'instruction médiocre,
d'éducation plus que négligée, il s'était par la
supériorité de son intelligence, par l'habileté de
son puissant et pratique génie, par sa merveilleuse entente des affaires, insinué peu à peu dans
la faveur et l'amitié de Justinien. Il avait par de
belles promesses, en faisant miroiter à ses yeux
des plans grandioses de réorganisation financière,

éveillé l'attention d'un prince toujours à court d'argent ; bien vite nommé à un poste élevé dans l'administration des finances, promu peu après à la dignité d'illustre, il était en 531 parvenu aux fonctions de préfet du prétoire.

Un proverbe du temps disait des gens de Cappadoce : « Le Cappadocien est mauvais de nature : donnez-lui une place, il est pire ; montrez-lui de l'argent à gagner, il devient plus détestable que tout. » Par sa dureté, son avidité, son absence de scrupules, le préfet justifia amplement la fâcheuse réputation de ses compatriotes. Pour trouver de l'argent, soit pour le trésor, soit pour lui-même, froidement, sans pitié, sans remords, il sacrifia les vies humaines et ruina les cités. Il permit tout à ses agents, pourvu qu'ils rapportassent de l'or, et lui-même donna l'exemple et montra le moyen de s'en procurer. Dans ses prisons du prétoire, il installa tout un savant appareil d'instruments de torture, et ceux qu'il soupçonnait de dissimuler leur fortune apprirent là ce qu'il en pouvait coûter d'essayer de frauder le fisc. Battus, suspendus par les mains ou par les pieds, suppliciés de cent manières, souvent jusqu'à ce que la mort s'ensuivît, les gens de tout rang, de tout âge étaient soumis aux cruautés du préfet ; de ses mains, selon le mot d'un contemporain,

ses victimes ne sortaient que dépouillées ou
mortes.

Nature cupide et vulgaire, Jean de Cappadoce,
tout en travaillant pour l'empereur, n'oubliait
point sa propre fortune. « Toujours prêt à voler »,
comme l'a dit de lui un écrivain de l'époque, il
spéculait sur tout. Au moment où s'embarquait
l'armée destinée à conquérir l'Afrique, le préfet,
à qui incombait le soin des subsistances militaires, fournissait aux troupes du biscuit de mauvaise qualité, qui pourrissait en route et produisait une épidémie dans le corps expéditionnaire :
mais Jean de Cappadoce avait gagné une forte
somme à l'opération. Il spéculait sur les blés,
tantôt obligeant les provinciaux à payer en or
l'impôt ordinaire perçu en nature, tantôt accapa-
rant les récoltes pour les revendre à des prix de
famine. Il rognait sur la solde, sur les pensions,
empochant la différence; et de toutes ces vexations, de toutes ces souffrances, il s'était fait une
énorme et scandaleuse fortune.

Tout le monde le détestait. Mais aux yeux de
Justinien, Jean avait un mérite extrême : à toute
réquisition il fournissait l'argent qu'exigeaient
les grandes dépenses du règne. Par quels moyens
il obtenait ces résultats admirables, l'empereur
n'en avait cure et peut-être même l'ignorait-il

véritablement. En tout cas, par son ingéniosité à créer des ressources, par son constant souci, dont le basileus le félicitait publiquement, d'accroître les revenus publics, par d'autres mérites encore, le préfet avait su se rendre indispensable et se faire tout pardonner. Bon administrateur, malgré ses vices, il avait au reste d'éminentes qualités d'homme d'Etat, l'âme énergique, le caractère hardi, une courageuse franchise par où il s'imposait à l'empereur. Et malgré les haines qu'il soulevait, tout le monde à la cour, tremblant devant le tout-puissant favori, célébrait à l'envi, pour plaire au prince, sa prestigieuse habileté et les succès de son administration.

La sédition Nika, que ses vexations contribuèrent pour une forte part à faire éclater, faillit un moment arrêter sa fortune. Il fut disgracié aux applaudissements de la capitale enthousiasmée. Mais il était l'homme indispensable ; bien vite il revint au pouvoir, plus dur, plus avide que jamais, et non moins assuré de la faveur du maître. Derechef, il fut préfet du prétoire, il fut consul, patrice ; et Justinien, qui dans un rescrit officiel le remerciait « d'avoir si fort à cœur le salut de l'empereur », finit par se fier aveuglément à cet utile et dévoué serviteur.

Tout-puissant sur l'esprit du prince, avec cela

prodigieusement riche, Jean en vint peu à peu à
se griser de sa fortune. Nature assez vulgaire,
jouisseuse et sensuelle, il avait toujours aimé le
pouvoir pour les plaisirs matériels qu'il assure.
Il aimait la bonne chère, les vins fins, les mets
délicats ; pour un plat réussi il nommait ses cui-
siniers à de hautes fonctions publiques ; de l'Hel-
lespont, du Pont-Euxin, des bords lointains du
Phase, il faisait venir pour sa table les poissons
les plus rares, les gibiers les plus précieux. Gros
mangeur, fort buveur, il passait, en joyeuse compagnie, les nuits entières en festins, ne suppor-
tant point qu'on le dérangeât, même pour les
affaires de l'Etat ; et il n'était pas rare qu'on le
trouvât au matin complètement ivre, ou bien si
gorgé de nourritures qu'il couvrait le plancher
et ses voisins mêmes du torrent de ses vomisse-
ments. Ses mœurs étaient déplorables. On le
voyait passer à travers les rues de la capitale,
vêtu d'un habit vert qui faisait ressortir la pâleur
de son teint, entouré d'un scandaleux cortège de
jeunes gens et de courtisanes. Vêtues de trans-
parentes tuniques, qui laissaient librement apparaître leur beauté, tout cet essaim de femmes
légères environnait la litière du tout-puissant
ministre, le couvrait de caresses et de baisers,
tandis que Jean, se laissant nonchalamment aller

sur l'épaule de ses favorites, pensait, par cet appareil pittoresque et débraillé, par ce pompeux étalage de son luxe, éblouir l'esprit de ses contemporains et préparer l'avenir que rêvait son ambition.

Comme la plupart des gens de son temps, Jean de Cappadoce était superstitieux. Il croyait aux devins, aux diseurs de bonne aventure, et ceux-ci lui annonçaient volontiers qu'il revêtirait un jour l'habit d'Auguste; pour aider au succès des prédictions, lui-même se livrait à des incantations magiques, et tout gonflé d'espoir, se voyant déjà empereur, il semblait, selon la jolie expression de Procope, « marcher sur les nuées ». Ne craignant ni Dieu ni diable, et d'ailleurs véhémentement suspect de paganisme, il osait, dans cette cour orthodoxe et dévote, paraître rarement à l'église, et encore il y marmottait en guise de prières des litanies païennes. Chez lui, il se plaisait à ressusciter les cérémonies de la Grèce antique; vêtu d'un costume de grand prêtre, il suppliait les dieux ou les démons — entre eux alors on ne distinguait plus guère — d'affermir son crédit sur l'esprit de Justinien, en attendant que l'heure fût venue de renverser le basileus. Et enfin, comme il avait du sens pratique, il employait ses immenses richesses à se créer un parti dans l'empire, et il se mit à faire par les provinces, afin de se rendre populaire, des voyages officiels en grand apparat.

Il ne craignit pas, pour préparer sa voie, d'entrer en lutte avec Théodora. Au lieu de la flatter, de lui témoigner ces respects qu'elle aimait, le ministre prit avec elle des airs hautains et insolents ; il fit plus : ouvertement il la calomnia chez l'empereur, espérant tourner en haine le grand amour que Justinien portait à sa femme. C'étaient choses que Théodora ne pardonnait point. Dès lors, la lutte s'engagea, acharnée, inexorable, entre la souveraine et le ministre. Elle, décidée à tout, n'attendait qu'une occasion pour ruiner son rival ; lui, sentant bien que Théodora était le plus grand obstacle opposé à son ambition, ne ménageait rien pour la perdre. Dans cette âpre et obscure bataille, le préfet n'ignorait pas à quelle redoutable adversaire il s'était attaqué ; il la savait capable de tout, même de se débarrasser d'un ennemi par un assassinat ; et la nuit, malgré les milliers de gardes dont il s'environnait, souvent des pensées sinistres troublaient son repos ; tressaillant à chaque bruit, il croyait voir surgir à son chevet quelque mercenaire barbare chargé de l'égorger, et inquiet, l'oreille tendue, il surveillait les portes, inspectait les coins obscurs, sans parvenir à fermer l'œil. Mais le jour lui rendait son courage. Il avait conscience de l'impérieux besoin que Justinien avait de ses services, du prodigieux ascendant qu'il exerçait sur l'esprit de l'empereur ; il se fiait aussi en l'inextricable désordre qu'il avait à dessein introduit dans l'administration des finances, et qui, en rendant sa succession fort difficile à débrouiller, le faisait lui-même indispensable. Et, sans souci de l'éternelle Némésis qui, comme dit un contemporain, récompense toujours le mal par le mal, il poursuivait le cours de ses vexations et de ses crimes, enrichissant ses familiers, remplissant l'administration de ses créatures, accroissant sans cesse sa scandaleuse fortune ; et devant sa toute-puissance, tout le monde s'inclinait, et de cet « ennemi des lois », « le pire de tous les hommes », — ainsi parlent de lui les chroniqueurs, — nul au palais n'osait prononcer le nom sans le couvrir d'éloges.

Jean de Cappadoce comptait pourtant sans la profondeur d'intrigue de Théodora. D'abord l'impératrice essaya d'éclairer Justinien sur les souffrances que l'administration du préfet infligeait aux sujets, sur le grave mécontentement qu'elles produisaient, sur le péril dont elles menaçaient la monarchie même. Fort habilement

la souveraine laissait de côté ses griefs personnels
et faisait appel au bon sens politique du basileus,
au goût passionné qu'on lui connaissait de l'ordre
et de l'exactitude, à la sollicitude qu'il se piquait
d'avoir pour le bonheur de son peuple. Elle
n'obtint rien. Justinien ne pouvait se résoudre à
se séparer d'un ministre que ses ennemis mêmes
proclamaient « le génie le plus puissant de son
temps », et qui était merveilleusement expert
« à envisager toutes les éventualités et à résoudre
toutes les difficultés ». Alors Théodora tenta
d'éveiller les soupçons du basileus sur les dangers
que l'ambition du préfet faisait courir à l'autorité
et à la vie même du souverain. Justinien, si
prompt d'ordinaire à accueillir les dénonciations
calomnieuses, si empressé, pour la moindre démarche qui inquiétait sa jalousie, à abandonner
ses meilleurs amis, ne voulut rien entendre.
Comme toutes les âmes faibles, il hésitait à
renvoyer un conseiller auquel une longue habitude et quelque affection réelle semblent l'avoir
profondément attaché. Théodora commençait à
être fort embarrassée. Pour vaincre l'obstination
de l'empereur, elle ne pouvait, comme elle avait
fait pour Priscus, risquer un coup de force contre
le ministre tout-puissant ; il se gardait trop bien
pour qu'elle pût espérer s'en défaire par la prison

ou le poignard. Mais Théodora était femme de ressources : elle imagina pour le perdre une machiavélique machination.

Antonine, la femme de Bélisaire, venait justement de rentrer d'Italie à Constantinople. Grande maîtresse du palais, et fort attachée à la basilissa, cette femme intelligente et hardie, passionnée et dissimulée tout ensemble, n'avait point, dit Procope, qui la connut bien, sa pareille pour nouer une intrigue et faire réussir même l'impossible. En maintes circonstances déjà, elle avait donné la mesure de son savoir-faire et rendu à l'impératrice des services signalés ; à ce moment, elle tenait plus spécialement encore à se faire bien venir de la souveraine, qui connaissait ses secrets et pouvait protéger ses amours. Elle était donc tout acquise aux desseins de Théodora. Personnellement au reste, elle détestait le préfet. Elle savait combien la gloire de Bélisaire offusquait Jean de Cappadoce, combien le ministre était jaloux du prestige et de la popularité du général ; et quoiqu'elle ne se piquât point d'être une épouse très fidèle, elle craignait pour la fortune de son mari une disgrâce dont elle eût eu sa part. Elle se prêta donc volontiers aux ouvertures de Théodora, et pour lui plaire, elle déploya tout son zèle dans la

ténébreuse intrigue que les deux femmes machi-
nèrent.

Jean avait une fille, Euphémie, toute jeune
encore, candide et naïve; enfant unique, elle
était la joie et l'orgueil du préfet. Antonine se
lia avec elle ; par des visites journalières et de
flatteuses paroles, elle s'insinua dans son amitié,
et la prenant pour sa confidente, elle feignit de
lui ouvrir son âme. Un jour, comme elles cau-
saient seule à seule, Antonine se mit à parler du
mécontentement qu'éprouvait Bélisaire, elle se
plaignit amèrement qu'après avoir conquis
l'Afrique et l'Italie, ramené à Byzance deux rois
captifs et d'incommensurables richesses, le
victorieux général n'eût rencontré qu'ingrati-
tude auprès de son maître, et elle en prit texte
pour critiquer fort vivement la forme du gouvernement. Euphémie, sans défiance, écoutait
ces dangereux propos, et comme elle aussi détestait et redoutait l'impératrice, en qui elle ne
voyait qu'une ennemie de son père, elle se prit à
demander ingénument : « Mais, ma chère amie,
pourquoi, ayant l'armée en main, supportez-vous
d'être aussi indignement traités ? » C'est là
qu'Antonine l'attendait : « Une révolution dans
les camps, répliqua-t-elle, est chose impossible,
si l'on n'a pas un allié dans la capitale. Ah ! si

votre père voulait être cet allié, nous n'aurions pas grand'peine, avec l'aide de Dieu, à réussir. » La conversation fut naturellement rapportée au préfet par sa fille, et celui-ci, enchanté, croyant déjà voir s'accomplir les oracles qui lui promettaient le trône, fit dire à Antonine qu'il serait heureux de causer avec elle dès le lendemain. Pour donner le change au ministre, et pour écarter de son esprit tout soupçon de trahison, la femme de Bélisaire refusa de se prêter à l'entrevue. C'était, déclarait-elle, jouer un jeu trop périlleux. Dans une capitale pleine d'espions et de délateurs, on risquait de se faire prendre et ainsi de tout perdre. Mais elle devait dans quelques jours aller rejoindre son mari à l'armée d'Orient ; elle pourrait, au sortir de Byzance, s'arrêter dans la villa isolée que Bélisaire possédait au faubourg de Rufinianes, sur la côte d'Asie, non loin de Chalcédoine. Sous couleur de la saluer, le préfet y viendrait sans peine, et là il serait possible de causer librement et de préparer l'alliance. Tant de prudente habileté plut à Jean de Cappadoce, et l'on prit jour pour l'entrevue. Pendant ce temps Théodora, tenue au courant par sa favorite des progrès de l'affaire, avertissait à mesure Justinien.

L'empereur pourtant s'obstinait à douter, il

ne pouvait croire que son ministre conspirât
contre lui. Non sans peine, l'impératrice le décida à envoyer, à l'heure du rendez-vous décisif,
deux de ses fidèles, l'eunuque Narsès et Marcellus, commandant des gardes, dans la villa de
Bélisaire : cachés par les soins d'Antonine, ils
devaient surprendre l'entretien, et ils avaient
ordre, si la trahison leur apparaissait certaine,
d'arrêter, et, s'il résistait, de mettre immédiate-
ment à mort le préfet. Théodora espérait bien
que son ennemi disparaîtrait ainsi dans la bagarre, sans avoir le temps de s'expliquer ou de
se justifier.

En même temps qu'il cédait ainsi à la volonté
de l'impératrice, Justinien, par un dernier reste
d'affection, faisait sous main avertir son favori
de ne point se rendre à la maison fatale. Jean
de Cappadoce ne tint nul compte du conseil, et
comme il était convenu, de nuit, en grand mystère, il passa le Bosphore et s'en vint à Rufinianes ; il prit soin seulement, par prudence, de se
faire bien accompagner. Reçu par Antonine dans
le jardin de la villa, il promit tout ce qu'elle lui
demanda, et solennellement s'engagea à travailler
à la chute de l'empereur. A ce moment, Narsès
et Marcellus, qui, cachés derrière une haie vive,
avaient tout entendu, surgissent brusquement de

l'ombre avec leurs hommes et tentent d'arrêter le ministre. Au bruit, les gardes de Jean accourent ; on se bat ; Marcellus même est blessé dans la bagarre, et finalement le préfet s'échappe et, regagnant en hâte la capitale, il court se réfugier dans l'inviolable asile de Sainte-Sophie.

C'est ce qui perdit cet habile homme, en qui l'on trouvait d'ordinaire plus de sang-froid et de présence d'esprit. S'il avait osé se présenter hardiment devant l'empereur, il eût peut-être réussi à le persuader de son innocence ; en fuyant, il se reconnaissait coupable et surtout il laissait le champ libre à Théodora. Elle arracha à Justinien la destitution du préfet. Selon l'usage des disgrâces byzantines, le ministre dut entrer dans les ordres. En hâte, dans Sainte-Sophie même, on le tonsura, malgré sa résistance, et comme on n'avait point sous la main les habits nécessaires à son nouvel état, on lui jeta sur les épaules, pour faire vite, le froc d'un ecclésiastique attaché au trésor de la basilique et qui justement se trouvait présent. Procope rapporte que ce prêtre s'appelait Auguste, et qu'ainsi, en promettant au préfet qu'il porterait un jour le vêtement d'Auguste, les oracles n'avaient pas menti.

Jamais Jean de Cappadoce ne se résigna à sa nouvelle condition ; jamais il ne voulut remplir les fonctions de prêtre, pour ne point se fermer sans retour le chemin des honneurs publics. Confiant en sa fortune, il gardait ses espérances et se flattait de promptement rentrer en grâce. Aussi bien Justinien l'avait traité avec une clémence extrême. Exilé dans la banlieue de Cyzique, Jean s'était vu rendre par la bienveillance impériale la plus grande partie de ses biens d'abord confisqués ; et comme il avait eu par surcroît, au temps de sa prospérité, la prudence de mettre en sûreté une bonne partie de sa fortune, il demeurait immensément riche, et dans sa paisible et somptueuse retraite, il vivait largement, heureux vraiment, s'il avait pu se consoler de sa grandeur perdue. Et l'opinion publique, à Constantinople, s'indignait très vertueusement qu'un aussi méchant homme expiât si doucement ses crimes, et menât, contre toute justice, une existence plus agréable que jamais.

Heureusement pour la morale, Théodora veillait. En cette crise redoutable, la plus sérieuse qui ait marqué sa vie d'impératrice, elle avait un moment tremblé pour son pouvoir ; jamais elle ne pardonna à l'homme qui avait menacé son influence. Contre lui, sa haine incomplètement satisfaite ne désarma jamais ; sa rancune obstinée n'épargna rien pour perdre son rival ;

jusqu'à son dernier jour elle le persécuta.

Il y avait à la tête de l'église de Cyzique un prélat nommé Eusèbe, universellement détesté. Vainement on avait demandé sa destitution à l'empereur ; par ses intrigues et son crédit à la cour, il s'était toujours maintenu en place. Finalement le mécontentement grandit à ce point qu'un complot se forma contre lui ; en plein forum de Cyzique, il fut assassiné. Or, on savait que Jean était en mauvais termes avec l'évêque : Théodora saisit avec empressement l'occasion de le compromettre dans l'affaire. Une commission sénatoriale fut envoyée pour ouvrir une enquête ; Jean fut arrêté, emprisonné, battu de verges, comme un voleur ou un brigand de grand chemin. Son innocence pourtant était si évidente qu'il fut impossible de le condamner à mort. Du moins, pour complaire à l'impératrice, on le dépouilla de tous ses biens, on lui enleva jusqu'à ses vêtements, et ne lui laissant qu'une misérable tunique, on l'embarqua pour la lointaine Egypte. Pour compléter l'humiliation de l'ancien ministre, le capitaine du navire eut ordre, dans chaque port où il ferait relâche, de débarquer Jean et de l'obliger à mendier son pain aux passants ; et l'on put voir cet ancien préfet du prétoire, cet ancien patrice, cet ancien consul, dénué de tout, tendre la main pour vivre. Finalement on le relégua à Antinoé, et là même la haine de Théodora ne l'oublia point. Elle s'efforça de retrouver les assassins de l'évêque de Cyzique, et par ses menaces et ses promesses, elle détermina l'un d'entre eux à accuser Jean d'avoir préparé le meurtre ; mais l'autre, malgré les tortures, ne voulut point mentir et se sauver en dénonçant un innocent. Ainsi Jean échappa ; mais jusqu'à la mort de sa persécutrice, il demeura en exil, misérable et souvent maltraité par ses geôliers.

Pourtant, dans son dénuement même, jamais cet homme énergique ne perdit son courage, sa confiance en soi, son insolence. Ce prisonnier d'Etat, se souvenant qu'il avait été jadis ministre des finances, s'amusait à rappeler aux gens d'Alexandrie qu'ils devaient de l'argent au trésor. Cet exilé, pauvre et abandonné de tous, rêvait encore de l'empire qu'il avait espéré. Un jour même, au lendemain de la mort de Théodora, il reparut à Constantinople, toujours audacieux et hardi, ayant toujours foi en son étoile. Mais il était trop tard. En sept ans, Justinien avait eu le temps d'oublier son ancien favori : Jean de Cappadoce ne put rentrer en grâce, et il mourut dans cette robe de prêtre qu'il avait malgré lui revêtue.

Dans ce tout-puissant ministre, intelligent, ambitieux et sans scrupules comme elle, Théodora avait vraiment trouvé un adversaire digne d'elle. Aussi épuisa-t-elle contre lui toutes les ressources de cet esprit fertile en inventions que lui attribuent les chroniqueurs, et dans la difficile partie qu'elle avait engagée, légitimement elle put être fière de sa victoire. C'est par d'autres moyens, et non moins ingénieux, qu'elle sut maintenir dans le devoir et la fidélité un autre homme dont elle pouvait non moins justement redouter l'influence. L'histoire des rapports de Théodora avec Bélisaire et sa femme Antonine n'est pas, pour bien connaître le caractère de la souveraine, moins instructive que celle de sa lutte avec Jean de Cappadoce.

IX

THÉODORA ET BÉLISAIRE

Par l'éclat de ses victoires, par son prestige,
sa richesse, sa popularité, Bélisaire, comme Jean
de Cappadoce, pouvait sembler à Théodora un
rival d'influence, et plus redoutable peut-être,
car il avait en main cette force, l'armée, qui à
Byzance était l'instrument nécessaire de toute
révolution.

Bélisaire était le plus grand général de l'époque. Vainqueur des Perses, des Ostrogoths, des
Vandales, conquérant de l'Afrique et de l'Italie,
il avait ramené deux rois captifs aux pieds de
Justinien, rapporté triomphalement à Constantinople les trésors de Genséric et de Théodoric,
doublé l'étendue de l'empire. Après la chute de

Carthage, il avait dans l'Hippodrome en fête réveillé comme un dernier souvenir des gloires romaines évanouies. Pendant des heures il avait, sous les yeux de la foule enthousiaste, fait défiler les dépouilles opimes de l'Afrique soumise par son bras, les trônes d'or, les vases précieux, les entassements de pierreries, la vaisselle de prix, les vêtements magnifiques, les voitures somptueuses, le long cortège des captifs barbares à la fauve chevelure, parmi lesquels on se montrait Gélimer, encore vêtu de sa pourpre royale, et promenant autour de lui de mélancoliques et ironiques regards. Du haut de son char triomphal, libéralement il avait jeté au peuple les vases d'argent, les ceintures d'or, et par poignées, les monnaies à l'effigie impériale : et Constantinople reconnaissante avait à ce victorieux dressé des statues d'or, et pour célébrer la « gloire des Romains », associé, sur les médailles commémoratives, l'image de Bélisaire à celle de Justinien. Après la prise de Ravenne, il avait, pendant des semaines, rempli Byzance de l'éclat de sa renommée. Lorsqu'il passait dans les rues, suivi de sa pittoresque escorte de soldats goths, perses, maures ou vandales, pour se rendre au Palais Sacré, la foule ne se lassait point d'admirer sa haute taille, sa bonne mine, son air noble et fier. On louait ses vertus, son courage, ses victoires; on l'acclamait, on se pressait autour de lui pour le saluer, pour lui adresser la parole. Lui se laissait faire, aimable, accueillant, ayant pour chacun un mot bienveillant; et au milieu de son armée de sept mille gardes fidèlement dévoués à sa personne, il semblait, à cet apogée de sa carrière, un roi tout-puissant rentrant dans sa capitale.

Il était l'idole des soldats et du peuple. Ses troupes l'adoraient pour sa magnifique bravoure, qui le faisait charger comme un simple cavalier à la tête de ses escadrons, et aussi pour sa générosité toujours prête, pour sa libéralité à distribuer l'argent et les récompenses. C'était un honneur sans égal d'être attaché à sa maison militaire; les plus braves des vaincus étaient fiers de le servir; pour mériter un éloge de lui, les hommes de sa garde bravaient tous les périls, trop heureux de se faire tuer pour leur général. Les provinciaux l'aimaient pour la modération qu'il imposait à ses soldats, pour le soin qu'il apportait à ménager le pays, pour le souci qu'il avait de faire payer exactement les réquisitions. A Constantinople, le peuple avait oublié avec quelle sanglante rigueur il avait réprimé jadis la sédition Nika, et ne se souvenant que de ses victoires, le proclamait le premier général du monde. Ses adversaires mêmes s'inclinaient devant ses éminentes qualités. Sa présence à la tête des troupes semblait, à elle seule, un gage de succès ; son nom valait une victoire. Enfin, il n'avait tenu qu'à lui de devenir roi dans l'Italie conquise, de régner sur ces Goths qu'il venait de combattre et qui, bons connaisseurs en fait de valeur militaire, offraient le trône à leur vainqueur. Environné d'une éclatante auréole, riche d'une richesse royale, Bélisaire semblait le maître véritable de l'empire. « Je ne crois pas, dit un contemporain, que s'il avait donné un ordre, personne eût osé lui résister ; tout le monde s'empressait à lui obéir, autant par estime de ses vertus que par crainte de sa puissance. »

Mêlé à toutes les grandes affaires de l'Etat, conseiller d'autant plus écouté au palais qu'on le savait assez fort pour n'en faire qu'à sa tête, Bélisaire était l'homme le plus en vue à Byzance. Aussi, sans le vouloir, sans y penser même, inquiétait-il tous ceux qui détenaient le pouvoir. Jean de Cappadoce le détestait, voyant en lui un rival d'influence ; Théodora ne l'aimait guère, craignant qu'il ne lui vînt un jour quelque tentation de risquer un coup d'Etat ; Justinien, malgré la confiance relative qu'il avait dans le com-

pagnon de sa jeunesse, redoutait parfois en lui
un successeur. Et aussi bien était-ce dans la
capitale une opinion fort répandue que Bélisaire
n'attendait qu'une occasion pour renverser le
gouvernement établi.

Heureusement pour l'empereur, Bélisaire
n'était pas un homme politique. C'était un soldat
loyal et fidèle ; jamais il ne voulut être autre
chose. Compatriote du basileus, attaché de bonne
heure, dès avant l'avènement, à sa personne, toujours il se considéra comme lié à son maître par
des engagements plus étroits que le commun des
sujets, et quand Justinien lui demanda de jurer
que jamais, lui vivant, il n'aspirerait au trône,
volontiers il prêta ce serment et le tint. Aussi
bien son caractère ne le portait pas aux rêves
ambitieux. Sensible aux honneurs, à la gloire
extérieure, à la popularité, il ne prétendait pas
aux réalités du pouvoir ; il se fût senti gêné au
premier rang. Brave soldat, bon général, il manquait un peu, en dehors des choses de son métier,
d'idées personnelles et d'initiative ; né pour exécuter, pour servir, il ne voulut être qu'un bon
serviteur, un instrument docile des volontés
impériales. Très respectueux enfin des pouvoirs
établis, il était volontiers d'âme un peu humble ;
sa grandeur l'embarrassait parfois ; et pour se

la faire pardonner, il s'abaissait plus qu'il n'était nécessaire. Il savait que l'impératrice ne l'aimait guère : il s'attacha, pour la désarmer, à travailler pour elle, même en d'assez basses besognes. Il savait que Justinien était jaloux de sa gloire, de sa fortune, de son prestige : il s'appliqua, par trop de faiblesses, à le rassurer. Ce soldat qui, sur les champs de bataille, montrait une bravoure éclatante, manquait un peu de courage civil. Toute sa vie, il eut peur des rancunes de Théodora, plus peur encore de se brouiller avec elle ; toute sa vie, pour maintenir son crédit, il se laissa trop complaisamment mêler à des intrigues de femmes. Bélisaire est le héros d'une époque de décadence : ce n'était point un homme tout d'une pièce, un caractère fortement trempé.

Toute sa vie, il se laissa, sans protester, dénoncer, calomnier, humilier ; toute sa vie il accepta sans rien dire les mauvais procédés et les disgrâces. On ne les lui épargna point. A l'armée d'Afrique, la prudence du palais plaça jusque dans son état-major des espions qui rapportaient à Constantinople, en les travestissant, ses démarches les plus innocentes. A l'armée d'Italie, on lui donna pour collègue, ou plutôt pour surveillant, Narsès, l'homme de confiance de Théodora, muni d'une lettre de service qui lui permettait de mettre en échec le généralissime. A trois ou quatre reprises, brusquement, sans raison, on lui retira son commandement ; on alla jusqu'à lui enlever sa maison militaire, jusqu'à confisquer une portion de ses biens. Après la première campagne d'Italie, si glorieuse, on lui refusa les honneurs du triomphe ; on lui fit dans la seconde cette situation impossible où sombra à jamais son prestige militaire. C'étaient là les moyens exceptionnels. Pour maintenir solidement et constamment Bélisaire dans son devoir, Théodora trouva mieux : elle employa Antonine.

S'il en faut croire l'*Histoire Secrète*, Antonine, comme Théodora, avait eu une jeunesse assez orageuse. Fille d'un cocher du cirque et d'une courtisane, elle avait commencé par mener une vie fort dévergondée ; puis elle s'était mariée assez médiocrement, à ce qu'il semble, et de cette union elle avait eu plusieurs enfants, parmi lesquels un fils, nommé Photius. Devenue veuve, elle avait rencontré Bélisaire, et quoiqu'elle ne fût plus toute jeune — au moment où Justinien monta sur le trône, elle avait bien quarante ans sonnés — elle avait fait la conquête du général. Il l'épousa, et toute sa vie il l'aima si passionnément, que les badauds de Byzance, selon leur habitude, ne crurent pouvoir expliquer que par des pratiques magiques un si fidèle et si constant amour. En tout cas, il l'adora jusqu'à la folie, jusqu'à la faiblesse : ne pouvant se résoudre à se séparer d'elle, toujours il l'emmena avec lui dans ses campagnes, en Afrique, en Orient, en Italie, et constamment il la laissa se mêler à ses conseils. Pour elle, il lui arriva de sacrifier les entreprises militaires les plus décisives, d'oublier ses devoirs de général et les intérêts supérieurs de l'Etat ; pour elle, il se prêta aux plus louches intrigues, et pour satisfaire ses caprices, ses rancunes ou ses haines, rien ne lui coûta. Les amis mêmes de Bélisaire semblent avoir été choqués de l'excès de cette passion plus que conjugale ; pour lui, pleinement soumis à l'influence de sa femme, il ne la trompa jamais et l'écouta toujours.

Il faut dire qu'Antonine était fort intelligente, capable de vaillance et de bon conseil. Pendant le siège de Rome, elle fut assez courageuse pour se risquer, sous la protection d'une faible escorte de cavaliers, à travers les lignes des assiégeants, afin de presser l'arrivée des secours. Pendant la seconde campagne d'Italie, elle assistait à l'attaque tentée pour débloquer la ville éternelle. Son esprit ingénieux s'occupait des moindres détails. Pendant la traversée de l'escadre qui portait en

Afrique l'armée de Bélisaire, seule elle trouva moyen de faire servir de l'eau potable à la table du général, en la conservant dans de grandes amphores de verre qu'elle fit enterrer dans du sable, à fond de cale, à l'abri des rayons du soleil. Mais surtout elle se montra toujours attentivement dévouée à la fortune de Bélisaire, dont dépendait la sienne ; elle n'hésita point, pour obtenir les renforts dont il avait besoin, à faire le long voyage d'Italie à Constantinople ; elle mit en œuvre, pour servir son mari, tout le crédit qu'elle avait à la cour.

Tenir Antonine, c'était tenir Bélisaire : Théodora s'en avisa promptement. L'impératrice avait d'abord, paraît-il, peu de sympathie pour la femme du général : elle la détestait même très cordialement. Lui savait-elle mauvais gré des scandaleuses aventures par lesquelles cette femme passionnée rendit très vite ridicule Bélisaire son époux ? Il se peut. Ne craignait-elle point plutôt qu'elle ne donnât au général des conseils dangereux pour le trône de Justinien ? Antonine, en effet, était intrigante à plaisir, fort habile à mener à bien ses machinations, assez dépourvue de scrupules, dissimulée et violente tout ensemble ; elle était ambitieuse aussi, avide de pouvoir et d'influence, et surtout bien plus intelligente et plus hardie que Bélisaire. On pouvait justement redouter qu'une telle femme ne détournât un jour le patrice de sa loyale fidélité. Aussi Théodora s'appliqua à prendre barre sur elle, afin de l'avoir à sa discrétion, et par elle Bélisaire.

Or, par un côté, Antonine donnait prise.

Au moment où, le 22 juin de l'année 533, la flotte byzantine allait quitter Constantinople pour cingler vers l'Afrique, le patriarche Epiphane, pour appeler la bénédiction céleste sur la pieuse entreprise, avait fait embarquer sur le vaisseau amiral un jeune soldat nouvellement converti au christianisme et baptisé de la veille. Il s'appelait Théodose, et était depuis quelque temps déjà attaché à la maison de Bélisaire : aussi le patrice et sa femme avaient-ils tenu à lui servir de parrain et de marraine, et du fait de cette sainte parenté, ils le considéraient comme leur fils adoptif. Antonine ne tarda pas à s'intéresser à lui plus vivement. Dans les loisirs de cette longue traversée, elle s'éprit du jeune homme ; et comme, une fois amoureuse, elle n'était pas femme à se laisser arrêter par nul scrupule, bientôt elle le prit pour amant. D'abord elle mena assez discrètement son intrigue ; puis, très vite, elle s'afficha ouvertement avec Théodose. Tous ses domestiques

savaient son aventure : seul Bélisaire l'ignorait
encore. Un jour pourtant, à Carthage, il surprit
les amants dans une chambre basse du palais, en
un costume qui ne laissait guère place au doute,
et naturellement il entra dans une violente colère.
Mais Antonine, payant d'aplomb : « Nous étions
justement en train, dit-elle, ce jeune homme et
moi, de cacher dans ce souterrain quelques
objets précieux provenant du butin, afin qu'ils
ne tombent point aux mains de l'empereur. » Le
patrice aimait l'argent ; il aimait sa femme davantage encore. Il se laissa donc volontiers persuader et préféra ne point croire au témoignage
trop probant de ses yeux. Encouragée par cet
aveuglement, Antonine perdit dès lors toute
retenue, et quand Bélisaire quitta l'Afrique pour
rentrer à Byzance, quand l'année suivante il
repartit pour la Sicile, partout elle emmena son
amant avec elle, et elle obtint même de la faiblesse de son mari que Théodose fût nommé chef
de la maison civile du patrice.

A Syracuse, elle fit scandale par la façon dont
elle afficha sa liaison. Autour d'elle pourtant, on
n'osait rien dire : on savait la faiblesse de Bélisaire pour sa femme, on n'ignorait point surtout
quel péril il y avait à s'exposer aux venimeuses
rancunes d'Antonine, et chacun jugeait plus pru-

dent et plus profitable de rester en bons termes
avec elle que d'éclairer son mari. Une femme de
chambre, Macédonia, mécontente sans doute de
sa maîtresse, se décida pourtant, sous le sceau
du secret, à révéler à Bélisaire son infortune
et lui amena, pour confirmer sa dénonciation,
deux esclaves du service intime d'Antonine.
Fureur du patrice, qui aussitôt ordonna de faire
mettre à mort Théodose ; mais les gardes chargés de ce soin jugèrent plus sage d'avertir le
jeune homme ; il put s'enfuir et courut chercher
asile dans le sanctuaire d'Éphèse. Quant à l'a-
droite Antonine, elle sut, cette fois encore, se
tirer d'affaire. Elle persuada à Bélisaire qu'elle
était victime d'une odieuse calomnie, et elle n'eut
point de peine à le convaincre de son innocence.
Après quoi, pour prévenir le retour de semblables accidents, elle somma son mari de lui livrer
les dénonciateurs. La femme de chambre trop
bavarde et les esclaves infidèles eurent la lan-
gue coupée ; puis, cousus dans des sacs, on les
jeta à la mer.

Antonine ne se vengea pas moins cruellement
des autres ennemis qu'elle avait dans l'entourage
de Bélisaire. Un des officiers de l'état-major,
Constantin, s'était permis de dire : « Moi, j'aurais laissé aller l'amant, et j'aurais tué la fem-

me. » Antonine n'oublia pas ce propos. Avec une patiente habileté, peu à peu elle perdit Constantin dans l'esprit du patrice ; et comme l'officier était fort orgueilleux et facilement insolent, elle n'eut point de peine à brouiller les deux hommes. Constantin, par surcroît, eut le tort, pendant la campagne d'Italie, de voler plusieurs objets précieux à un notable de Ravenne nommé Praesidius, et, malgré toutes les instances de son général, il se refusa à toute restitution. La patience du patrice était à bout. Irrité, il demanda à l'officier s'il persistait dans son refus d'obéissance, et comme l'autre se regimbait, il appela ses gardes. « C'est pour me tuer, sans doute », s'exclama Constantin, qui savait la haine que lui portait Antonine ; et sans attendre, tirant son poignard, il se précipita sur Bélisaire. Arrêté, jeté en prison, il fut mis à mort dans son cachot. Antonine était vengée.

Naturellement, à la prière de sa femme, Bélisaire s'était empressé de rappeler Théodose. Mais Théodose se faisait prier. Le patrice avait emmené avec lui à l'armée d'Italie le fils d'Antonine, Photius, et il marquait à ce jeune homme une affection toute paternelle. Or Photius détestait Théodose, dont il soupçonnait la liaison avec sa mère, et qu'il jalousait aussi pour sa faveur auprès de Bélisaire; et Théodose, qui ne semble point avoir eu une bravoure à toute épreuve, déclarait qu'il ne reviendrait pas tant que Photius serait dans l'entourage du général. Entre son amant et son fils, Antonine n'hésita pas; elle manœuvra si bien que Photius, lassé, dégoûté, abreuvé de mauvais procédés, se fit renvoyer à Byzance; et sous l'œil complaisant de Bélisaire, Théodose et Antonine reprirent leur amoureuse intrigue. Lorsque, après la prise de Ravenne, le général rentra à Constantinople, Antonine revint triomphalement dans la capitale entre son mari et son amant.

Théodora avait appris bien vite une liaison qui durait depuis sept ans et dont tout le monde parlait fort publiquement, et Antonine savait que l'impératrice n'ignorait rien de ses aventures. C'est ce qui rapprocha les deux femmes. Pour désarmer la mauvaise volonté de la souveraine, la femme de Bélisaire mit son habileté au service des desseins de la basilissa, et elle eut la bonne fortune, pendant son séjour en Italie, d'aider à la chute de son ennemi le pape Silvère. Théodora, qui appréciait le savoir-faire d'Antonine, comprit de son côté qu'en protégeant ses amours, elle ferait d'elle l'instrument dévoué de sa politique et le garant de la fidélité de Béli-

saire. Unies par la communauté des intérêts,
bientôt, à se connaître mieux, elles se plurent :
Antonine devint la favorite en titre, l'amie intime, la confidente de Théodora ; elle fut nommée
au poste élevé de grande maîtresse de la maison
de l'impératrice ; et sûre de sa fortune, elle ne
ménagea plus rien.

Théodose pourtant commençait à s'inquiéter
d'une liaison aussi publique, et peut-être était-il
un peu las aussi d'une maîtresse aussi absorbante.
Derechef il s'en alla et cette fois, pour être tranquille, il entra dans un monastère. Alors Antonine fut au désespoir ; elle prit le deuil, ne voulut plus voir personne, et tout en larmes, elle ne
cessait de gémir, même en présence de Bélisaire,
sur le fidèle, l'aimable, le charmant ami qu'elle
avait perdu. Elle fit tant que son excellent mari
finit par demander audience à Justinien et à
Théodora, et, déclarant qu'il ne pouvait se passer de l'indispensable serviteur qu'était Théodose, il supplia le prince qu'on le lui rendît. Il
fit plus. Comme il allait partir pour l'Orient pour
prendre le commandement de l'armée de Perse,
il consentit, contrairement à toutes ses habitudes, à laisser Antonine dans la capitale. Aussitôt qu'il fut en route, Théodose, qui avait hautement protesté qu'il ne voulait pas quitter son

couvent, s'empressa de rejoindre secrètement sa maîtresse.

La passion d'Antonine la rendait imprudente : livré à lui-même, abandonné à d'autres influences, Bélisaire risquait d'ouvrir enfin les yeux. Photius se chargea de l'éclairer. Devant la haine de sa mère, qui s'efforçait de le compromettre auprès de son chef et songeait même, dit-on, à le faire disparaître, il prit un grand parti. Il prouva à Bélisaire combien on se jouait insolemment de son immuable faiblesse. Cette fois, se sentant soutenu, le général se fâcha pour tout de bon. Il supplia Photius de l'aider à venger son honneur outragé. Mais jusqu'en cet instant décisif, il ne pouvait se décider à sévir contre Antonine : « J'aime toujours ma femme, disait-il. Pourvu que je punisse l'homme qui a souillé ma maison, je ne lui ferai point de mal à elle. Mais tant que Théodose vit, vraiment je ne puis lui pardonner. » Malgré ces réserves, malgré le peu de fond qu'il faisait sur l'énergie de Bélisaire, Photius s'engagea à le servir. Les deux hommes échangèrent, sur les saints livres, des serments solennels, ils se jurèrent de ne point s'abandonner et de braver ensemble la mort même. Puis ils attendirent l'occasion favorable.

C'était en 541. Antonine venait justement de

rendre à Théodora un service signalé : elle avait été l'âme de l'intrigue qui avait renversé Jean de Cappadoce, et sa faveur avait grandi d'autant. Elle crut donc qu'elle ne courait aucun danger à rejoindre son mari, et ayant renvoyé son amant à Ephèse, elle se mit en route pour l'armée. Contrairement à tout ce qu'elle pouvait attendre, elle trouva Bélisaire exaspéré. Aussitôt qu'il sut sa femme arrivée, oubliant, dans sa hâte à régler ses affaires, jusqu'aux intérêts de l'Etat, il évacua le territoire perse qu'il avait envahi. Pour la première fois de sa vie, il accueillit mal Antonine ; il la mit au secret sous bonne garde, et songea même, dit-on, à la tuer. En même temps, Photius mettait à la question l'un des eunuques de sa mère, et ayant su de lui où était Théodose, il enlevait dans l'église de Saint-Jean d'Ephèse, avec la complicité payée de l'évêque du lieu, l'amant d'Antonine ; il faisait main basse sur la fortune du favori et le transférait sous bonne garde dans un château éloigné de Cilicie.

Bélisaire et Photius avaient mal pris leur temps. Théodora n'était pas disposée à admettre qu'on touchât à son amie. Fort inquiète de ce qui arrivait à Antonine, elle fit rappeler en hâte Bélisaire à Byzance. On sait déjà comment elle vengea les injures de sa protégée sur Photius et

ses amis et avec quelle tranquille audace aussi
elle restitua à sa favorite le cher amant qu'on lui
avait ravi. En même temps, elle mettait la paix
dans le ménage de Bélisaire. Le grand amour du
général pour sa femme avait, dès avant leur retour dans la capitale, adouci ses sentiments à
l'égard d'Antonine, et à le voir si promptement
changé, les badauds de Constantinople, qui suivaient avec curiosité cette tragi-comédie, se de-
mahdaient quel sort on avait bien pu jeter au
pauvre homme. Théodora n'eut donc point trop
de peine à réconcilier les deux époux. Le général
se fit bien prier un peu. Mais quoi! Théodose
venait de mourir bien à propos, et la volonté de
l'impératrice était formelle. Il reprit Antonine,
et avec son ordinaire insouciance, il s'inquiéta
peu de ce que devenaient Photius et ses amis.

Pour plaire à la basilissa, Bélisaire s'était
montré lâche et parjure; il sortait de cette aventure un peu diminué. Aussi semble-t-il avoir gardé
quelque sourde rancune contre les deux femmes
qui l'avaient humilié. Renvoyé en 542 dans son
commandement, il conduisit assez négligemment
les opérations militaires, et se permit même,
dit-on, ces propos séditieux qui froissèrent si
vivement Théodora. L'impératrice jugea qu'une
leçon était nécessaire. Brusquement relevé de sa

charge, Bélisaire fut mandé à Constantinople ;
ordre lui avait été donné de remettre tout l'argent
qu'il avait à un eunuque de la basilissa et de
laisser à l'armée les hommes de sa garde personnelle, dont on redoutait la fidélité. Froidement
accueilli par les souverains, tenu à l'écart par ses
amis qui craignaient de se compromettre, le
patrice semblait en pleine disgrâce. Et c'était un
spectacle lamentable de voir le grand général,
parcourant maintenant les rues seul, délaissé de
tous, l'air préoccupé et sombre, craignant à
chaque instant pour sa vie et se voyant déjà
entouré d'assassins.

Antonine cependant demeurait en grande faveur au palais; elle était l'amie de cœur, la com-
pagne indispensable de l'impératrice. Depuis
l'affaire de l'année précédente, elle était au reste
toujours en froid avec son mari. Théodora, très
habilement, s'avisa de réconcilier pleinement les
époux, comptant bien que, si Bélisaire devait à
Antonine son pardon et sa rentrée en grâce, il
serait asservi désormais, et pour toujours, à celle
qui l'aurait sauvé. Donc, un jour, selon l'usage,
Bélisaire s'étant présenté à l'audience impériale
y rencontra des visages particulièrement hostiles
et fermés, et, symptôme grave, il s'y vit exposé
aux injures de la tourbe des valets de cour. Rentré

chez lui le soir, et de plus en plus inquiet de son sort, il s'était couché sur son lit, tremblant de peur, sans courage et sans dignité. Antonine était là, et, se plaignant d'être souffrante, elle se promenait à travers l'appartement. La nuit tombait. Tout à coup, on frappe violemment à la porte : « Ordre de l'impératrice », crie un serviteur du palais. Bélisaire, croyant sa dernière heure venue, restait étendu, prêt à recevoir le coup fatal. Mais au lieu d'un message de mort, c'était une lettre de Théodora qu'apportait le domestique impérial, et voici ce qu'on y lisait : « Tu sais, mon cher, ce que tu as fait contre nous. Mais j'ai à ta femme de grandes obligations, et à cause d'elle j'ai résolu de te pardonner. Sache que c'est à elle que tu dois la vie ; c'est d'elle seule aussi que tu dois pour l'avenir espérer salut et fortune. Nous verrons par la suite comment tu sauras te conduire envers elle. » Antonine, qui connaissait le contenu de la missive, en attendait curieusement l'effet. Il fut prodigieux. Tout joyeux, Bélisaire se relève, et pour donner au mandataire de l'impératrice la preuve immédiate de son obéissance, il tombe éperdu aux pieds d'Antonine, il lui baise les mains, il la serre dans ses bras, il lui jure qu'il sera désormais, non plus son mari, mais son fidèle esclave. A ce prix, il obtint qu'on lui restituât une partie de sa fortune, qu'on lui rendit ses honneurs et un grand commandement militaire. On l'envoya en Italie, mais sans armée, sans argent, sans ressources ; il dut même s'engager, dit-on, à faire de sa bourse les frais de l'expédition.

Il n'est point très aisé de démêler ce qu'il y a de véritable dans ces histoires. Bélisaire eut-il vraiment pour la conduite d'Antonine des complaisances coupables? Après un court accès d'énergie, la reprit-il vraiment pour rentrer en faveur et mériter les bonnes grâces de l'impératrice? Ce sont là des bavardages qu'on ne peut guère vérifier. On peut croire pourtant que, comme Antonine était la favorite de Théodora, il la ménagea par crainte de se brouiller avec la souveraine; en tout cas, il est constant qu'il se servit d'elle pour assurer son crédit au palais. Il est certain d'autre part qu'il l'aimait profondément. Dans la seconde expédition d'Italie, alors qu'il s'agissait de sauver la ville éternelle, il s'affola comme un enfant sur le bruit que sa femme était tombée aux mains des Ostrogoths, et, pour sauver Antonine, il battit en retraite et abandonna tout. On peut donc croire qu'il lui fut volontiers indulgent; après la mort même de Théodora, il resta aveuglément soumis a son influence.

Quoi qu'il en soit, on croyait dans la capitale que Bélisaire, aussitôt sorti de Byzance, se vengerait par une insurrection de ses humiliations et de sa disgrâce. C'était bien mal le connaître ; Antonine l'accompagnait en Italie et suffisait par sa présence à le maintenir dans le devoir. Toujours prête à servir les volontés de la basilissa, elle se montra, tant qu'elle vécut, absolument dévouée à sa fortune, et Théodora, en échange, ne lui marchanda jamais sa protection. Ainsi s'était trouvé juste le calcul de l'impératrice : en s'attachant Antonine, toute sa vie elle attacha Bélisaire au service de Justinien.

Elle espéra même, grâce à sa favorite, réaliser un plus beau rêve. Bélisaire était prodigieusement riche. Il aimait l'argent et il avait peu de scrupules sur les moyens d'en acquérir. Il fut légitimement soupçonné de s'être attribué une part large, trop large, du butin d'Afrique et d'Italie, d'avoir accepté, pour se faire le bourreau du pape Silvère, les présents des ennemis du pontife. Il est certain qu'il n'hésita point à recevoir le somptueux palais de Jean de Cappadoce en récompense de la part qu'avait prise Antonine dans la chute du favori. Quoi qu'il en soit, sa fortune, comme dit un contemporain, était digne d'un empereur. Aussi, Justinien et

Théodora n'eussent-ils pas été fâchés de mettre
la main sur elle ; mais, soit par considération
pour les services de Bélisaire, soit faute d'un prétexte plausible, ils n'osaient point en venir à une
confiscation et ils avaient même feint de ne point
remarquer qu'une partie de ces richesses avait
été peut-être acquise au détriment du trésor.
Toutefois, l'impératrice ne désespéra point d'ar-
river à ses fins par d'autres moyens.

Bélisaire avait une fille unique, Jeanne, à qui
devait revenir cet incomparable héritage : Théodora pensa à la faire épouser à son petit-fils
Athanase. Le projet de cette alliance figura parmi les conditions du pacte que la basilissa imposa
au général au moment de sa grande disgrâce, et,
malgré ses répugnances, le patrice dut consentir
aux fiançailles. Mais une fois qu'il fut en Italie,
il se ressaisit, et, chose inattendue, il trouva en
cette affaire l'appui d'Antonine : soit qu'elle vît
que l'impératrice, malade, penchait vers son
déclin, soit pour d'autres motifs, elle crut pouvoir résister aux désirs de la souveraine. Vainement la basilissa écrivait lettre sur lettre,
demandant qu'on pressât la célébration du mariage ; les parents inventèrent cent prétextes pour
se dérober, alléguant qu'il fallait attendre leur
retour à Byzance, puis trouvant d'excellentes

raisons pour différer d'y revenir. Théodora s'inquiétait. Elle connaissait Antonine : elle se disait qu'après la mort de sa maîtresse, la favorite oublierait également vite les engagements qu'elle avait pris et la reconnaissance qu'elle devait à sa protectrice. Elle voulut donc forcer les événements.

Elle fit en sorte de rapprocher le jeune homme et la jeune fille, et vite les choses en vinrent à ce point entre eux que le mariage ne fut plus qu'une formalité nécessaire. Athanase et Jeanne s'éprirent si vivement l'un de l'autre, qu'ils vécurent ensemble ouvertement, avec la complicité de la souveraine. Leur liaison durait depuis huit mois, lorsque Théodora mourut. Peu après, Antonine revenait à Byzance, et son attitude montra promptement combien la basilissa l'avait bien jugée. Oublieuse de tout le passé, elle ne voulut plus entendre parler de l'union projetée ; et sans souci de la réputation de sa fille fort compromise par l'aventure, sans s'inquiéter du désespoir des deux amoureux, elle les sépara brutalement, déclarant qu'elle n'entendait point avoir pour gendre un descendant de Théodora. Quand Bélisaire, peu après, revint d'Italie à son tour, naturellement il approuva, selon son habitude, tout ce qu'avait décidé Antonine.

Mais si, sur ce point particulier, la mort fit échouer les projets qu'avait formés Théodora, la ligne de conduite qu'elle avait tracée à l'égard de Bélisaire fut attentivement suivie, alors même qu'elle eut disparu. Jusqu'à son dernier jour, le général fut soupçonné de rechercher trop la popularité, de nourrir de trop ambitieuses espérances ; et tout en le comblant d'honneurs, Justinien n'épargna à sa vieillesse ni les humiliations, ni les disgrâces. Presque au lendemain du jour où, par un suprême service, le patrice avait sauvé de l'attaque des Huns la capitale et l'empereur, l'inquiète jalousie du prince l'impliqua dans un complot préparé contre le souverain ; et quoique rien ne fût moins prouvé que sa complicité, le basileus, en une scène violente, donna cours à sa colère contre Bélisaire, et une fois encore il lui enleva sa garde, le destitua de toutes ses charges et dignités, et le mit aux arrêts dans son palais. Ainsi, contre ce sujet trop redoutable, l'esprit de Théodora animait toujours Justinien.

Et de même, en souvenir de l'impératrice, l'empereur accorda toute sa faveur à cette Antonine qui avait été sa confidente et son amie. Jusqu'à sa mort, elle garda son crédit au palais. Ainsi se perpétuait la politique par laquelle

Théodora avait voulu faire sentir dans le ménage du général la toute-puissance de la volonté impériale et ainsi, ici encore, son œuvre lui survécut. Jusqu'à la fin, Bélisaire, obéissant à Antonine, demeura l'humble, fidèle et docile serviteur de Justinien.

X

LE FÉMINISME DE THÉODORA

S'il faut en croire l'*Histoire Secrète*, Théodora
avait pour les faiblesses d'autrui une inépuisable
indulgence, en femme qui sait la vie et connaît
la fragilité de la nature humaine. Dans une
grande ville comme était Constantinople, les
mœurs n'étaient pas irréprochables ; les mauvais
ménages n'étaient point rares, les adultères fréquents : complaisamment la basilissa couvrait
tout de son manteau d'impératrice. Qu'une femme
eût un amant et fût assez maladroite pour se faire
surprendre, vite elle courait au palais et avec
l'appui de la souveraine, toujours elle se tirait
d'affaire. Malheur au mari qui plaidait en divorce,
s'il ne produisait en justice des preuves irréfu-

tables de son dire. Condamné à payer à sa femme une somme égale à la dot qu'elle lui avait apportée, il risquait en outre le fouet et la prison, tandis que la dame, sûre de l'impunité, étalait ouvertement son adultère. Aussi beaucoup de maris jugeaient plus sage de fermer les yeux ; et ainsi, grâce à Théodora, la capitale était profondément démoralisée.

Si, en face de ces commérages, on place les renseignements que fournissent les documents officiels, on constate tout au contraire qu'on se piquait étrangement de pruderie au Palais Sacré. Dans les lois fort nombreuses où Justinien s'est occupé du mariage, du divorce, de l'adultère, un mot revient sans cesse : c'est le grand souci qu'a l'empereur de la moralité publique. « Nous voulons, a-t-il écrit quelque part, que les femmes se conduisent sagement, qu'elles ne mènent point une vie déréglée et impie, et nous espérons qu'elles y parviendront. » Or il faut voir combien de choses le basileus juge inconvenantes et contraires à la sagesse. Si une femme est assez effrontée pour s'aller baigner avec des hommes, le mari peut demander le divorce contre elle ; si, sans l'autorisation de son mari, elle va souper avec des étrangers, si, à l'insu de son mari ou malgré sa défense, elle va au théâtre, aux courses,

aux combats de bêtes, autant de cas de divorce
que la loi reconnaît. A plus forte raison y a-t-il
lieu à répudiation, si la femme passe la nuit hors
de la maison conjugale, si du vivant de son époux
elle pense à un autre mariage, par-dessus tout si
elle prend un amant. Dans ce cas, le mari a le
droit, après trois avertissements préalables, de se
faire justice lui-même, s'il trouve ensemble la
femme et le séducteur, soit dans sa propre maison, soit dans celle de l'amant, soit au cabaret,
soit dans la banlieue ; s'il les surprend ailleurs,
par exemple à l'église, — les églises servaient
fréquemment de lieu de rendez-vous, — il livre
les coupables à l'autorité publique, et si le cas
est clair, l'homme, sans autre forme de procès, est
condamné à mort, la femme remise au mari pour
être poursuivie conformément à la loi. Et cette
loi n'est point tendre pour la femme adultère :
après le divorce on l'enferme au couvent, et si,
après deux ans, le mari ne consent pas à la reprendre, elle est tonsurée et retenue au monastère pour le restant de ses jours.

Consolider l'institution du mariage, « cette
chose sainte entre toutes », comme dit quelque
part Justinien, l'entourer de toutes les garanties
qui peuvent le « rendre durable et indissoluble »,
voilà pour l'empereur une préoccupation essen-

tielle. Il interdit le divorce par consentement mutuel, comme offrant trop de facilité à rompre des liens sacrés; il restreint le nombre des cas légaux de divorce, jugeant mal fondés en raison plusieurs de ceux qu'admettaient les anciennes lois. Il ne veut plus que la captivité de l'un des deux époux ou leur condamnation à certaines peines soit un motif pour dissoudre l'union; il ne veut point que la femme du soldat, parce qu'elle reste sans nouvelles de son mari, se croie libre; il faudra pour qu'elle puisse se remarier la preuve formelle de la mort de son époux. Il promulgue les peines les plus sévères contre ceux qui, pour mener une vie plus relâchée, imagineraient des prétextes pour se séparer. Seul, le désir d'entrer en religion trouve grâce aux yeux du basileus; mais il faut que la vocation soit sérieuse et durable, et la loi punit rigoureusement ceux qui sortent du couvent pour reprendre la vie du monde.

Je n'ignore point qu'en tout temps et en tout pays, la loi et la pratique ne sont point nécessairement d'accord. Pourtant la rigueur de cette législation incline à croire que, sur ce point comme sur tant d'autres, l'*Histoire Secrète* a quelque peu calomnié Théodora. Ce qui est vrai, — et il se peut qu'il faille ici reconnaître son influence, — c'est que la condition de la femme dans le mariage fut en beaucoup de points améliorée. Elle fut protégée contre les mauvais traitements et les caprices de l'homme. Elle put non seulement demander le divorce pour inconduite notoire du mari — « chose qui, dit Justinien, irrite particulièrement les femmes, celles surtout qui se conduisent bien » — et de même l'obtenir si le mari tentait de l'exciter elle-même à la débauche ; mais en outre, elle n'eut plus à craindre d'être répudiée sans motif ou d'être faussement accusée d'adultère. La loi exigea, dans ce cas, des preuves péremptoires, et permit à la femme, si l'accusation était reconnue calomnieuse, de réclamer le divorce, sans préjudice des indemnités pécuniaires et des châtiments auxquels le mari put être condamné. Le mari ne put plus battre sa femme sans motif tout à fait légitime ; il ne put plus, sans de bonnes raisons, la chasser de sa maison, et la loi ajouta, non sans quelque ironie, que, si de cette nuit passée hors du domicile conjugal quelque conséquence fâcheuse résultait, l'homme ne pourrait s'en prendre qu'à lui-même. Mais malgré cette intervention salutaire et bienfaisante en faveur des femmes maltraitées ou mal mariées, Théodora n'eut pas moins que Justinien — les faits le prouvent — le respect de la sainteté du mariage et le sévère souci de la morale publique.

Artabane était un bel officier arménien, de bonne mine et de haute naissance. Apparenté à la famille royale des Arsacides, il était venu chercher fortune dans l'empire byzantin, et par son courage, sa résolution, son humeur généreuse, il était très vite devenu populaire dans toute l'armée. Il se trouvait en Afrique au moment du soulèvement militaire où périt le gouverneur général Aréobinde, et il se prit d'une chevaleresque passion pour la jeune femme du mort, que les événements avaient livrée à la discrétion du chef des révoltés. Préjecta — c'était le nom de la jeune veuve — était une nièce de Justinien, et l'ambitieux Arménien espérait bien aussi tirer quelques avantages des services qu'il pourrait rendre à une si grande dame. Il ne se trompait point. Sauvée par lui, Préjecta n'eut rien à refuser à son libérateur. Non contente de le combler de richesses, bientôt elle lui promit sa main ; et déjà Artabane, grisé de sa fortune, se voyait par ce brillant mariage sur les marches du trône. Tout allait à souhait : la princesse était retournée à Constantinople et Justinien, pour être agréable aux amoureux, avait autorisé Artabane à l'y suivre. Pour rapprocher la distance qui le séparait de l'objet de sa flamme, il l'avait comblé de dignités et d'honneurs ; il l'avait fait commandant en chef des contingents étrangers de la garde, maître de la milice et consul. Mais à ce moment quelqu'un troubla la fête. Artabane avait parfaitement oublié qu'il avait jadis, quelque part en Arménie, contracté mariage ; aussi bien il y avait si longtemps qu'il était séparé de cette première femme, et jamais depuis lors il n'avait plus entendu parler d'elle. Or voici que subitement elle reparut à Byzance, réclamant ses droits d'épouse légitime, et elle trouva fort à point un appui chez l'impératrice. Théodora fut inflexible sur une affaire où étaient intéressés les liens sacrés du mariage ; elle obligea Artabane, quoi qu'il en eût, à reprendre sa femme, et par surcroît de précaution, elle maria Préjecta à un autre.

Elle ne fut pas moins rigoureuse, dans son souci de la correction et des bonnes mœurs, pour deux jeunes femmes de grande famille, qui, devenues veuves, se consolaient trop aisément, au gré de la basilissa, de la perte de leurs maris. Leur inconduite était d'un mauvais exemple ; Théodora se mit en tête de les remarier et, pour les punir en humiliant leur orgueil, elle

leur proposa des prétendants de fort humble ex-
traction. Epouvantées, les deux sœurs se réfu-
gient à Sainte-Sophie, comptant échapper ainsi
à une si fâcheuse union. Mais Théodora était
obstinée ; elles durent se rendre, et, quoique des
hommes de leur rang demandassent leur main,
consentir à contre-cœur à un mariage indigne
d'elles. Il faut ajouter qu'après cet exemple
fait, la basilissa prit à tâche de consoler ses
victimes ; elle s'occupa activement de l'avancement de leurs maris et les combla d'honneurs
et de bienfaits.

Il se peut qu'avec son humeur autoritaire et
l'habitude qu'elle avait de subordonner toutes
choses aux fins de sa politique, Théodora se soit
mêlée parfois un peu indiscrètement d'affaires de
famille et de ménage qui ne la regardaient point.
On lui reprochait de faire des mariages avec
le même despotisme qu'elle apportait à gouverner
l'Etat, d'unir ou de désunir les gens sans trop
les consulter, uniquement parce qu'il lui plaisait
ainsi. On a vu déjà comment elle travailla à
empêcher le mariage de la fille de Germanos et
comme elle s'employa à conclure celui de la fille
de Bélisaire. Mais ce n'étaient point là simples
passe-temps d'impératrice ; en ce faisant, Théodora servait ses desseins politiques. De même,

quand elle fit épouser à Préjecta un neveu de cet Hypatios que jadis la sédition Nika avait proclamé empereur, elle se préoccupait surtout de réduire à l'impuissance un prétendant ; et ce furent des raisons du même ordre qui l'induisirent d'abord à protéger les amours d'Antonine, puis à la réconcilier avec Bélisaire. Quand les intérêts de Théodora étaient en jeu, les scrupules de morale ne lui pesaient guère, et semblablement quand il s'agissait de servir ses parents ou ses amis. On sait comment elle fit faire de beaux mariages à sa sœur Comito et à sa nièce Sophie ; elle fit de même épouser la fille de Chrysomallo sa favorite au fils du maître des offices Hermogène. Saturninus — c'était le nom du jeune homme — était fiancé à une de ses parentes, jolie, pure, et de bonne famille ; brutalement l'impératrice rompit l'union projetée et obligea Saturninus à accepter la fille de Chrysomallo. Le mariage eut lieu, mais, après la noce, Saturninus se plaignit vivement à ses amis qu'il n'eût point trouvé la mariée très intacte. Mal lui en prit. Théodora le fit arrêter et battre de verges, pour lui apprendre, disait-elle, à n'être point aussi bavard. D'autres mariages forcés furent, paraît-il, son œuvre, et ne réussirent pas toujours très bien. Nous savons mal le détail de ces histoires ;

un fait pourtant est digne de remarque. En toutes ces aventures, Théodora s'inquiétait peu de l'homme : femme, elle était toujours, selon le mot d'un historien, « naturellement portée à secourir les femmes dans l'infortune ».

Telle elle apparaît surtout dans les mesures qu'elle inspira à Justinien à l'égard des comédiennes et des femmes perdues. Elle connaissait, pour les avoir traversés, les bas-fonds de la capitale, et savait tout ce qu'ils enfermaient de misères et de hontes ; de très bonne heure, elle usa de son influence pour y porter remède. Je croirais volontiers que c'est à elle que Justinien fait une allusion discrète, lorsque, dans une de ses ordonnances pour la réforme des mœurs, il parle de la personne qui depuis longtemps l'avertit en secret de la corruption de Constantinople, et qu'elle provoqua l'enquête officielle d'où sortirent plusieurs lois réparatrices et salutaires. On peut croire, en tout cas, qu'elle contribua à relever les actrices de la déchéance sociale qui les frappait, soit en leur permettant de quitter la scène à leur volonté, soit en faisant tomber les dernières barrières qui s'opposaient à leur mariage. C'était à ce moment une habitude générale dans la société byzantine, d'obliger souvent malgré elles des femmes à entrer au théâtre, et de leur faire contracter, sous caution, l'engagement de ne jamais abandonner leur profession. Désormais la loi déclara nuls ces contrats immoraux et autorisa même les comédiennes à rompre le serment qu'elles avaient prêté, sauver son innocence étant, aux yeux de Dieu lui-même, un acte tout à fait capable d'excuser un parjure. Ordre fut donné, sous les châtiments les plus sévères, aux gouverneurs de province et aux évêques, de veiller à assurer la liberté des actrices et d'en référer à l'empereur s'ils étaient impuissants à faire respecter la loi. Des peines très rigoureuses frappèrent les entrepreneurs qui exigeaient ces contrats abusifs; outre la confiscation des biens et l'exil, ils furent passibles d'une amende de dix livres d'or — environ onze mille francs — à payer à la femme pour lui permettre de vivre honnêtement. Ainsi rentrées dans la vie normale, les comédiennes purent contracter mariage avec les plus hauts dignitaires, sans qu'elles eussent besoin, comme l'avait jadis ordonné Justin, lors du mariage de son neveu, de solliciter à cet effet une autorisation impériale; même facilité fut accordée aux filles des comédiennes. Une seule obligation leur fut imposée : celle de ne plus jamais monter sur le théâtre.

Mais surtout, gardienne sévère de la morale publique, Théodora eut à cœur de moraliser sa capitale. On sait déjà quelle place y tenait la criminelle industrie des *lenones*, et combien de malheureuses ils entraînaient par de belles promesses en des métiers infâmes. On a vu à quel point les maisons louches encombraient Constantinople, et par quels honteux engagements y étaient retenues, souvent malgré elles, les victimes de ce déplorable trafic. Théodora voulut mettre ordre à tout cela. Une ordonnance impériale interdit, sous peine de mort, d'entraîner malgré elle une jeune fille à la débauche ; défense fut faite de tenir une maison de tolérance ; on ferma celles qui existaient, en faisant restituer aux femmes qui y étaient enfermées l'argent qu'elles avaient versé comme caution ; enfin on expulsa de la ville les *lenones*, « comme gens nuisibles et corrupteurs de la moralité publique ». « Nous ordonnons, disait le rescrit du basileus, que tous nos sujets, autant qu'il sera en eux, mènent désormais une vie sage, la sagesse étant seule capable de recommander l'âme des hommes à Dieu. » Elle-même, Théodora veilla à l'exécution des mesures qu'elle avait conseillées, et prit à tâche, comme dit un chroniqueur, d'affranchir les pauvres filles perdues

« du joug de leur honteux esclavage ». Par ses ordres, on réunit, avec leurs victimes, les *lenones* de la capitale et l'impératrice leur fit demander de déclarer, sous serment, combien ils avaient donné d'argent aux parents de ces malheureuses. Sur leur réponse qu'ils avaient en moyenne payé cinq sous d'or par tête, l'impératrice, de ses propres deniers, racheta toutes ces infortunées ; et ayant fait remettre en outre à chacune un vêtement propre et un sou d'or, elle les renvoya dans leurs familles.

A celles qui étaient abandonnées, l'impératrice se préoccupa d'ouvrir un asile. Sur la côte asiatique du Bosphore, dans un vieux palais impérial, elle fonda pour les filles repentantes le couvent de la Metanoia, c'est-à-dire de la Repentance ; et pour éviter toute tentation future à des malheureuses que le besoin avait souvent perdues, elle dota très richement cette charitable institution. On raconte que quelques-unes des nouvelles recluses s'accommodèrent mal de ce brusque changement d'existence, et aimèrent mieux se précipiter du haut des murs de leur prison. Il se peut. L'œuvre n'en fait pas moins honneur à Théodora, et il y a une noblesse singulière dans ces paroles de l'ordonnance impériale que sans nul doute elle inspira à Justinien :

« Nous avons constitué des magistrats pour châtier les brigands et les voleurs d'argent : ne devons-nous pas, à plus forte raison, poursuivre les brigands d'honneur et les larrons de chasteté ? »

Faut-il croire enfin que, dans toutes ces mesures, et dans cette naturelle sympathie pour les femmes dans l'infortune, il entrait, chez Théodora, quelque souvenir et quelque regret de son passé, et que volontiers elle eût, sinon dit, du moins pensé avec le poète :

Non ignara mali, miseris succurere disco [1]?

La chose est probable, pour ne point dire certaine, et elle n'est point pour nuire à l'idée que nous pouvons nous faire de Théodora. Cette ancienne danseuse montée sur le trône des Césars n'était point en somme indigne de sa fortune. Partie de très bas, elle sut être, malgré ses défauts et ses vices, une grande impératrice, et de son orageuse jeunesse, elle prit surtout, par un étrange contraste et bien inattendu, l'amour des choses sérieuses, le constant et sérieux souci de la morale publique et de sa propre dignité.

1. Connaissant le malheur, je sais secourir les malheureux.

LA

TRÈS PIEUSE THÉODORA

LA TRÈS PIEUSE THÉODORA

I

LA PIÉTÉ DE THÉODORA

Dans la vie de toute Byzantine, la religion tenait une grande place. Dans la vie d'une impératrice, elle était une part même du protocole. A chacune des grandes fêtes, si nombreuses, de l'orthodoxie, la souveraine, vêtue de pourpre et d'or, s'en allait, suivie d'un splendide cortège, aux grandes églises de la capitale, à Sainte-Sophie ou aux Saints-Apôtres, à Saint-Serge ou à Saint-Mocius, au sanctuaire de Sainte-Marie-de-la-Source ou à celui de la Vierge des Blachernes, et assise sur le trône, parmi ses cubiculaires et ses ostiaires, environnée de la foule parée des femmes, des hauts dignitaires, dévotement elle assistait à la divine liturgie, ou venait pieusement, tenant en main des cierges, s'agenouiller aux pieds des autels et prier devant les reliques sacrées. Sans cesse la procession impériale déroulait à travers les rues de la cité le luxe pittoresque des costumes officiels, incessamment variés selon les exigences du cérémonial. Tantôt, en grande pompe, on allait inaugurer quelque église nouvelle ; tantôt on allait vénérer quelque relique célèbre, pour obtenir d'elle de miraculeuses guérisons ; tantôt on se rendait en quelque couvent fameux pour solliciter la bénédiction de quelque ascète renommé ; tantôt, en de solennelles actions de grâces, on remerciait le Seigneur des victoires accordées par la Providence aux armées de l'empire ; ou bien, en noirs habits de deuil, on venait, en de touchantes lamentations, supplier le Dieu tout-puissant de fléchir sa colère, de mettre un terme aux fléaux, peste ou tremblement de terre, par lesquels il désolait la capitale. Fermement persuadés qu'un empereur est nécessairement l'élu de Dieu, préposé par un choix particulier de la Providence à la direction des choses humaines, convaincus que dans tous les embarras, dans tous les périls,

le Seigneur étend sur le basileus sa main protectrice et l'assiste de son inspiration, intimement mêlés à toutes les cérémonies du culte et
à toutes les affaires de l'Eglise, les maîtres de
Byzance menaient vraiment une vie pontificale.

Justinien prenait à cette existence un plaisir
singulier. Fort dévot et même superstitieux, il
se croyait l'objet de la sollicitude spéciale de la
Providence, et il se plaisait à constater les miracles
qu'elle multipliait en sa faveur. Il se rappelait
comment, un jour qu'il était fort malade et que
la science humaine désespérait de le sauver, les
deux grands saints médecins, Cosme et Damien,
dont tout Byzance savait et vénérait la miraculeuse puissance, étaient descendus tout exprès
du haut du ciel pour guérir le prince déjà agonisant. Il se souvenait qu'une autre fois, gravement atteint de rhumatismes et presque paralysé,
il s'était remis par miracle, au seul contact des
reliques sacrées, et par l'effusion de l'huile
sainte s'échappant du corps des martyrs. Et pénétré de gratitude, sans cesse il s'appliquait à
marquer sa reconnaissance à ce Dieu qui lui
prodiguait ainsi les témoignages éclatants de sa
protection. Conserver la pureté de la foi, défendre en toute occasion l'Église, la réformer dans
la discipline et dans le dogme, étendre et propa

ger son influence, tel était son constant souci. Il aimait à bâtir des églises et des monastères ; il en couvrit l'empire. Il aimait davantage encore à se mêler aux controverses théologiques. Présider des conciles, converser avec des évêques, disputer avec des dissidents, était un de ses divertissements favoris. Beau parleur, très fier de son éloquence, de la force de son érudition, de la logique de ses démonstrations, estimant, non sans quelque naïveté, qu'il n'avait point son pareil dans l'art savant de la controverse, il se plaisait à édifier les prélats par des homélies pleines d'onction et de douceur ; il se flattait de convaincre par d'irréfutables arguments et de convertir les hérétiques ; il passait les nuits à raisonner avec les théologiens ou à composer des écrits de polémique dont il ne tirait pas médiocrement vanité. Toute sa vie il se mêla, souvent indiscrètement, des affaires de l'Eglise ; et ceux qui voulaient lui plaire le félicitaient volontiers d'unir en ses discours « la mansuétude de David, la patience de Moïse, la clémence des apôtres, et de réaliser sous son règne l'âge idéal prédit par les prophètes, où les philosophes seraient rois et les rois philosophes ».

Théodora aussi avait un trop vif souci des exigences de l'étiquette pour manquer aux pieux devoirs qui s'imposaient à une impératrice. Elle avait en outre trop de finesse et de sens politique pour ne point sentir quelle était, dans un Etat chrétien, l'importance des questions religieuses, et quel péril il y avait à s'en désintéresser. Enfin, et par-dessus tout, elle était sincèrement pieuse. Elle avait, en bonne Byzantine, un grand respect pour les personnes ecclésiastiques, pour ces moines à la figure austère, aux longs vêtements noirs, pour ces pieuses femmes qui avaient renoncé au monde pour prendre « le vêtement des anges » et devenir « des citoyens du ciel ». Elle leur était, comme tous les gens de son temps, profondément reconnaissante des vertus, des pénitences, des prières par lesquelles ils suppléaient aux mérites insuffisants des autres chrétiens. Comme Justinien, elle admirait sincèrement « cette vie monastique, qui met l'homme en communication directe avec Dieu, qui le rend pur, puissant par la méditation, supérieur à tous les soucis de l'humanité ». Elle aimait à s'entourer de solitaires et d'ascètes ; elle les recevait familièrement au Palais Sacré, elle s'entretenait avec eux des choses spirituelles, elle déférait volontiers à leurs demandes et mettait sa confiance en leur intercession. On a déjà vu comment, pour guérir

Justinien malade, elle fit appel aux prières du moine syrien Zooras ; on sait comment elle supplia le grand saint de Palestine, Sabas, d'intercéder auprès de Dieu pour qu'il lui donnât un fils. L'histoire de ses rapports avec Maras l'anachorète n'est pas moins instructive ni moins piquante.

Maras était un de ces fougueux Syriens dont l'ardente piété et le zèle souvent téméraire ne s'arrêtaient devant aucun obstacle. Vers l'âge de trente ans, au jour même où devaient se célébrer ses noces, brusquement il avait été touché de la grâce et avait préféré le joug léger de Dieu « aux funestes incommodités de l'union corporelle ». Entré au couvent, il s'était fait remarquer par l'austérité de ses pénitences, la rigueur presque excessive des traitements qu'il infligeait à sa chair. Très dur pour lui-même, il n'était pas moins sévère pour les autres. On sait déjà avec quelle violence il osa, au Palais Sacré, réprimander Justinien et Théodora. C'est par là qu'il plut à l'impératrice. Jugeant qu'un si saint homme devait être tout-puissant auprès de Dieu, elle lui offrit de rester au palais. Maras refusa. Elle lui fit alors, par son trésorier, remettre une forte somme pour ses aumônes. Avec un insolent mépris, le bienheureux, secouant

de sa poigne vigoureuse le sac qui contenait
l'argent, jeta les pièces d'or à la face de l'impératrice et des chambellans ébahis et terrifiés. La
chose fit quelque bruit à la ville et à la cour ;
mais Théodora ne se découragea point. Le
bienheureux s'était retiré de l'autre côté de la
Corne d'Or, au faubourg de Sykæ, pour y
mener dans la solitude la rude existence qu'il
avait accoutumé. Humblement la basilissa lui
fit présenter es excuses, pour avoir osé par des
présents l'exposer à la tentation, et elle lui fit
demander de vouloir bien du moins accepter d'elle
de quoi subvenir à sa nourriture. Maras ne voulut
rien entendre : « Il n'y a rien en toi, répondit-
il, dont aient besoin les serviteurs de Dieu, sinon
la crainte du Seigneur, si tu es capable de
l'éprouver. » Et pour se dérober aux sollicitations impériales, il alla plus loin chercher une
plus tranquille retraite.

Entre temps, ses étrangetés l'avaient rendu
célèbre. Les badauds et les âmes pieuses venaient
le voir et demander ses prières ; la faveur que
lui marquait la cour lui attirait d'autres visites
encore. Une nuit, des brigands vinrent l'assaillir
dans sa tente : « Si tu ne nous donnes pas, lui
dirent-ils, l'or que t'envoie la basilissa, nous te
tuons sur l'heure. » Alors le bienheureux :

« Croyez-moi, je n'ai point d'or. Si je voulais de l'or, je n'habiterais point ici. » Mais les voleurs, incrédules, mirent l'épée à la main, et l'un d'eux frappa Maras de son bâton. Mal leur en prit. Le Syrien était un robuste athlète ; d'un revers de main il renversa le premier de ses adversaires et s'armant du bâton de la victime, successivement il terrassa six autres voleurs ; puis, soigneusement, il les ficela, mettant de côté leurs épées et leurs gourdins ; après quoi il leur dit avec une tranquille ironie : « Je vous avais prié, mes fils, de me laisser tranquille ; je regrette que vous ne m'ayez pas écouté. Maintenant, faites-moi le plaisir de vous tenir en repos jusqu'au jour, et mettez-vous bien dans l'esprit qu'il ne faut jamais mépriser même un pauvre homme. » Au matin il les lâcha, gardant seulement leurs bâtons et leurs épées.

L'incident fit grand bruit à la cour ; et lorsque le chambellan envoyé aux renseignements rapporta au palais, pour les montrer aux souverains, les trophées de la victoire du bienheureux, Justinien et Théodora en conçurent pour Maras plus d'admiration encore. L'aventure profita par ailleurs aussi au Syrien. Il consentit enfin à ce qu'on lui bâtît un monastère, et il vécut là désormais, priant et prêchant, et ne se privant pas plus

que par le passé de réprimander vertement
à l'occasion l'empereur et l'impératrice. Aussi,
lorsque en 542 il fut emporté par la grande
épidémie de peste, les princes décidèrent de lui
faire des funérailles solennelles et ils envoyèrent
pour y assister les gens les plus illustres et les
plus nobles du palais, cubiculaires et sénateurs,
évêques, clercs et moines. Et la mort du saint
parut à Constantinople une calamité publique.

Pour ces étranges ascètes, la hautaine Théodora avait des trésors d'indulgence. Son orgueil
acceptait leurs remontrances, leurs insolences,
leurs duretés ; sa grandeur s'humiliait devant
leurs haillons. Attentive à les protéger, elle
avait pour eux une générosité inépuisable ; sa
charité se dépensait en pieuses fondations de
monastères, d'hôpitaux, d'orphelinats. Justinien
parle quelque part des dons magnifiques que
l'Augusta fit aux sacro-saintes églises, aux hôpitaux, aux asiles, aux évêques et aux moines. Elle
donna au moine Zooras, pour s'y retirer avec ses
disciples, un vaste domaine au faubourg de
Sykæ ; elle acheta, pour y offrir asile au patriarche d'Alexandrie Théodose, une belle villa
à Derkos en Thrace ; elle fit accepter à Jacques
Baradée une maison dans la capitale, pourvue de
tout le nécessaire ; elle fonda un monastère jus-

que dans l'intérieur du Palais Sacré. Pour rece-
-voir les étrangers pauvres que leurs affaires
amenaient à Constantinople, elle fit construire
plusieurs vastes hôtelleries. Elle éleva des basi-
liques, des maisons de refuge pour les malades
et les misérables ; elle se plut à enrichir les plus
illustres sanctuaires de présents somptueux. Elle
aimait à se faire représenter dans cette libérale
et charitable attitude : sur la splendide tapisserie
brodée d'or qui formait la nappe d'autel de Sainte-
Sophie, on la voyait visitant avec Justinien des
hôpitaux et des églises, « bonnes œuvres, écrit
un contemporain, de ces maîtres du monde, de
ces protecteurs de la cité ».

Parmi ses fondations, il en est une qui est
demeurée particulièrement célèbre : c'est la construction de l'église des Saints-Apôtres.

Sur la colline où la mosquée de Mahomet II
dresse aujourd'hui ses coupoles surmontées du
croissant, Constantin le Grand avait fait bâtir
une église dédiée aux saints Apôtres, et son fils
y avait fait solennellement transférer, en les
plaçant dans un cercueil d'or, les reliques des
apôtres André, Luc et Timothée. Dans la pensée
du fondateur de l'empire chrétien, cet édifice
devait servir en même temps de lieu de sépul-
ture à lui-même et à ses descendants. Au

temps de Justinien, la basilique primitive crou-
lait de vétusté ; l'empereur la fit abattre et Théodora se chargea de la rebâtir plus vaste et plus
belle. En 536, l'impératrice posa solennellement
la première pierre du nouveau temple, et le
grand architecte qui à ce moment même ache-
vait Sainte-Sophie, Anthémius de Tralles, présida, avec le concours d'Isidore le Jeune, à la
construction du sanctuaire. Comme à Sainte-
Sophie, on déploya aux Saints-Apôtres toutes
les splendeurs et toutes les recherches de la
décoration byzantine. Une forêt de colonnes,
arrachées sans doute pour la plupart à des temples
païens, forma sur tout le pourtour de l'église un
double étage aux riches couleurs ; sur le sol,
sur les murailles, les marbres précieux se dispo-
sèrent en une étincelante marqueterie ; à la
voûte des coupoles, aux parois de la basilique,
des mosaïques représentèrent, à côté du Christ
triomphant, entouré de la Vierge et des apôtres,
les épisodes principaux de la vie terrestre du
Sauveur. Mais c'est surtout par le plan que la
nouvelle construction fut remarquable. Elle eut
la forme d'une croix grecque ; et tandis qu'à
Sainte-Sophie, une seule et énorme coupole
couronnait l'édifice, ici cinq coupoles surmon-
tèrent l'intersection et les extrémités des bran-

ches de la croix. Cette disposition qui rappelait, paraît-il, celle de Saint-Jean-l'Evangéliste à Ephèse, devait faire fortune dans l'histoire de l'architecture byzantine. Tandis que Sainte-Sophie, trop difficile à imiter, est demeurée presque unique, l'église des Saints-Apôtres, « le nouveau firmament à cinq dômes, comme dit un poète, étoilé de mosaïques d'or », a servi constamment de modèle aux constructeurs des siècles postérieurs. Saint-Marc de Venise n'est guère qu'une réplique de la magnifique église bâtie par Justinien et Théodora.

Avec un zèle pieux, Théodora suivit les progrès de l'édifice, et la légende raconte qu'il lui donna plus d'une fois du souci. On eut d'abord fort à faire pour établir des fondations solides, à cause de la rivière Lycus qui ébranlait le sous-sol de ses infiltrations. Puis ce fut une autre affaire. Au moment où on allait commencer la décoration en mosaïques, Théodora s'aperçut que les fonds manquaient pour continuer le travail. Heureusement, les apôtres en l'honneur de qui s'élevait l'église et dont on venait, au cours des travaux, de découvrir miraculeusement les restes sous le pavé de l'ancienne basilique, vinrent au secours de l'impératrice. Elle eut un songe. André, Luc et Timothée lui apparurent :

« Ne t'inquiète pas, lui dirent-ils, et ne demande point d'argent à ton mari Justinien ; mais va au bord de la mer, hors de la porte de Dexiocrate ; tu y trouveras enfouis dans le sol douze vases remplis d'or. » Théodora obéit et, en effet, à l'endroit marqué, on découvrit les vases pleins — ce qui montrait bien l'origine divine de la libéralité — de pièces toutes marquées à l'effigie des saints Apôtres. Ainsi la souveraine put achever l'édifice et l'enrichir prodigieusement.

Théodora, pourtant, n'eut point la joie de le voir entièrement terminé ; c'est deux ans seulement après sa mort, le 28 juin 550, qu'eut lieu l'inauguration solennelle. Pourtant, dès son vivant, l'essentiel était fait, et conformément au vœu de Constantin, dans ce Saint-Denis de l'empire grec d'Orient, elle avait fait, dans une somptueuse chapelle, préparer pour elle et son époux de magnifiques sarcophages de marbre, où durent être placés plus tard les cercueils d'or des deux souverains.

Malgré sa piété, ses bonnes œuvres, ses fondations, son zèle pour les choses de la religion, Théodora a été jugée diversement, et souvent sévèrement, par l'Eglise. Tandis que certains chroniqueurs orientaux la nomment « la très pieuse Théodora », tandis que ses amis de Syrie la proclament à l'envi « l'impératrice qui aime Dieu, qui aime le Christ, l'impératrice fidèle », tandis que plusieurs la jugent « suscitée par Dieu même pour protéger les affligés contre les rigueurs de la tempête », d'autres écrivains, particulièrement dans l'Occident latin, n'ont point eu pour elle assez d'outrages et de malédictions. C'est qu'aux yeux de la catholicité orthodoxe, Théodora était véhémentement suspecte d'hérésie. Fort attachée au patriarche Sévère, elle professait ouvertement la doctrine monophysite, qui rejetait le concile de Chalcédoine et n'admettait qu'une seule nature dans la personne de Jésus-Christ. Pour défendre ses amis, ouvertement elle bravait Rome, et jusqu'à son dernier jour, obstinément, elle protégea ses partisans contre les foudres pontificales. « Elle réchauffait, dit un historien, le zèle des hérétiques établis dans l'empire ; elle comblait de présents magnifiques ceux de l'étranger. » Ce n'est pas tout. Avec sa coutumière ardeur, elle poussait Justinien dans la voie où elle-même s'était engagée, et au nom des intérêts de l'Etat même, elle l'entraînait vers une politique qui inquiétait légitimement la catholicité. Tandis que les sentiments religieux de l'empereur, son respect de l'orthodoxie, ses grandes ambitions l'inclinaient égale ment à maintenir l'union avec Rome et à persécuter les dissidents, Théodora, moins docile et plus fine, rêvait d'autres desseins. Pendant vingt ans, avec une souple et tenace habileté, à travers tous les obstacles, elle poursuivit sa tâche, et souvent elle imposa sa volonté à son époux ; et si la mort, trop tôt venue, l'empêcha de réaliser pleinement son œuvre, la politique religieuse qu'elle conçut fait honneur à son intelligence d'homme d'État, et achève de donner la mesure de l'influence qu'elle exerça sur l'esprit et le gouvernement de Justinien.

II

POLITIQUE ET THÉOLOGIE

Au moment où Théodora montait avec Justinien sur le trône des Césars, un grave conflit religieux troublait depuis longtemps l'Orient tout entier. Depuis qu'au cinquième siècle des théologiens subtils s'étaient avisés de vouloir expliquer comment, dans la personne du Christ, se combinaient l'humanité et la divinité, le problème des deux natures et de leur union agitait profondément l'Église. Vainement, en 451, le concile de Chalcédoine avait tenté, avec l'approbation du pape Léon le Grand, de fixer sur ce point la doctrine orthodoxe, et condamné avec une égale sévérité l'hérésie de Nestorius, qui dans le Christ distinguait trop nettement deux personnes, et celle d'Eutychès, qui dans le Christ n'admettait au contraire qu'une seule nature. Les partisans de Nestorius comme ceux d'Euty- chès — on nommait ces derniers monophysites — refusaient également de souscrire à leur condam- nation, et le parti monophysite en particulier, ayant à sa tête des hommes de grande valeur, appuyé sur de fortes majorités en Egypte et en Syrie, soutenu par des hordes de moines fanati- ques et indomptables, se flattait de reprendre quelque jour la direction de l'Eglise byzantine.

Ce qui augmentait la gravité de cette querelle théologique, c'est que les provinces orientales où dominait le monophysisme ne se rattachaient à l'empire que par des liens assez lâches de fidélité. En Egypte, en Syrie, subsistaient des nationalités fortement constituées, vivant de leur vie propre, toujours prêtes à se détacher de la monarchie; leurs croyances religieuses n'étaient guère que la forme sous laquelle se manifestaient leurs tendances séparatistes. Aussi les empe- reurs de la fin du cinquième siècle et du com- mencement du sixième, les Zénon, les Anastase, s'étaient-ils préoccupés, par d'opportunes con- cessions, de donner satisfaction aux monophy- sites, aimant mieux, pour rétablir l'unité en Orient, sacrifier, s'il était besoin, l'union avec

Rome. Depuis l'avènement de Justin Ier, depuis
surtout que Justinien avait apporté dans les
affaires de l'Eglise sa puissante et dure ténacité,
une autre politique prévalait, et devant la persécution déclarée, les monophysites avaient dû
reculer. Mais, malgré les rigueurs et les exécutions, le parti demeurait puissant en Syrie, en
Palestine, en Arménie, en Mésopotamie, surtout
en Egypte, où tous les efforts des orthodoxes
étaient demeurés impuissants ; et partout, dans
les communautés monophysites, on attendait
beaucoup de Théodora.

Dès sa jeunesse, on l'a vu, Théodora s'était
trouvée en rapport avec les chrétientés d'Egypte
et de Syrie, et de ces lointaines relations elle
avait toujours conservé un tendre et reconnaissant souvenir. On sait, d'autre part, quelles raisons politiques l'inclinaient à favoriser les dissidents orientaux et venaient accroître encore
la naturelle ardeur des sympathies qu'elle leur
témoignait. Avant même de parvenir au trône,
elle avait activement employé en leur faveur,
pour tempérer la fureur de la persécution, l'influence toute-puissante qu'elle exerçait sur Justinien. Devenue impératrice, elle mit plus ouvertement encore son crédit à leur service. C'est
à elle que l'Egypte hérétique dut de longues

années de tolérance ; c'est à elle que la Syrie hérétique dut la reconstitution de son Église nationale persécutée ; c'est à sa protection que les dissidents durent, d'abord de rentrer en grâce et de pouvoir librement recommencer leur propagande, plus tard de pouvoir braver les excommunications des conciles et les rigueurs du pouvoir séculier ; c'est à ses encouragements enfin et à son concours que les missions monophysites durent leurs succès en Arabie, en Nubie, en Abyssinie. Toute sa vie elle s'appliqua à chercher un terrain de conciliation et d'entente qui, en dissipant les défiances et en apaisant l'opposition des Orientaux, rétablit dans l'Église et dans l'empire l'unité et la paix, et il n'a point tenu à elle que le dogme monophysite ne devînt, malgré Rome même, la croyance universelle de la monarchie.

Comme don de joyeux avènement et gage de ses bonnes intentions, elle commença par inspirer au dévot Justinien une mesure inattendue de tolérance. Les évêques et les moines fugitifs ou proscrits furent rappelés d'exil, et rentrèrent, après de longues années d'absence, dans leurs églises et leurs monastères saccagés et déserts. À l'appel de l'impératrice, les monophysites reparurent dans la capitale et jusqu'au Palais

Sacré ; au grand dépit des orthodoxes, on les vit reprendre du crédit à la cour. Bientôt Théodora fit plus : elle détermina Justinien à entrer en relations directes avec les dissidents. Depuis longtemps elle avait une grande admiration et une vive amitié pour Sévère, le patriarche déposé d'Antioche, qu'elle avait jadis connu à Alexandrie. Par sa foi, sa science, son éloquence, par le ferme courage qu'il avait montré dans la persécution, ce prélat était une des gloires du parti monophysite ; esprit élevé, conciliant, ennemi des vaines disputes, il semblait plus que tout autre capable de se prêter à un accommodement. La basilissa fit comprendre à son mari, malgré ses répugnances, quel avantage il y aurait à s'accorder avec un tel personnage, si influent, et elle réussit à le persuader qu'une telle conquête entraînerait par tout l'Orient d'innombrables adhésions à la politique impériale. Fort courtoisement, les deux souverains écrivirent donc à Sévère pour le prier de venir à Constantinople ; mais le patriarche, n'espérant rien de cette tentative d'arrangement, se déroba, et alléguant son grand âge, sa faiblesse, ses cheveux blancs, « qui, disait-il, lui annonçaient sa mort prochaine », il persista à demeurer à Alexandrie. Théodora ne se découragea point. A défaut de Sévère, ses disciples furent invités à se réunir en conférence avec les orthodoxes, « pour rétablir l'unité », et, en effet, un colloque eut lieu à Byzance. Le mot d'ordre, très caractéristique, était de témoigner aux dissidents une douceur parfaite, une inaltérable patience. Le ministre du basileus qui dirigeait les débats parla abondamment de « la tendresse de père » qui remplissait le cœur de l'empereur ; Justinien, qui présida lui-même la séance de clôture, manifesta hautement un semblable désir de conciliation. Pourtant, malgré ces bonnes dispositions, on ne put s'entendre, au grand chagrin de Théodora. Mais c'était déjà un grand point de gagné, d'avoir fait succéder tant de bonne volonté à l'ardeur persécutrice d'autrefois.

Entre temps, grâce au nouveau régime de tolérance, les monophysites regagnaient le terrain perdu. En Asie, Jean de Tella, l'un des plus illustres prédicateurs de la secte, commençait, malgré l'hésitation des autres évêques du parti, une active propagande. Réunissant autour de lui de petits groupes de fidèles, patiemment il les instruisait, il leur faisait lire les Ecritures, chanter les psaumes, et il les recevait dans la foi. Vainement on le dénonçait aux autorités, on le menaçait de mort. Courageusement, il rassemblait en secret, la nuit, ses partisans autour de lui. Pauvrement vêtu, couvert d'ornements sacerdotaux tout déchirés, il n'en faisait pas moins sur ses auditeurs une impression profonde ; toujours en chemin, tantôt à Alexandrie, tantôt à Constantinople, il convertissait, ordonnait des prêtres, remplissait toute l'Asie de ses émissaires. On dit qu'en quelques années il ramena à la doctrine monophysite près de cent soixante-dix mille personnes.

Dans la capitale, grâce à la protection déclarée de l'impératrice, l'activité des dissidents était plus grande encore. De l'Orient tout entier, leurs plus illustres docteurs accouraient à Byzance, Pierre, l'ancien évêque d'Apamée, le moine Zooras, bien d'autres encore. Sévère lui-même, malgré ses hésitations, avait fini par se décider, devant l'insistance de la basilissa, devant les reproches aussi de ses coreligionnaires, qui blâmaient son apparente inaction. « Ne vous y trompez point, leur avait dit le saint homme ; jamais avec l'empereur actuel nous ne rétablirons la paix. Cependant, je monterai à Constantinople, pour ne point paraître un obstacle à vos espérances ; mais je reviendrai sans avoir rien obtenu. » Les faits semblèrent d'abord démentir ses appréhensions. Reçu en grande pompe par le basileus, logé au palais même par l'amitié de Théodora, très écouté par les souverains, Sévère ne tarda pas à exercer sur les affaires religieuses une influence toute-puissante.

Maintenant, les monophysites semblaient vraiment les maîtres de la capitale. Sûrs de la faveur de l'impératrice, hardiment ils déclaraient la guerre aux orthodoxes, opposant autels à autels et baptistères à baptistères. Malgré les défenses formelles de la loi, ils tenaient des conciliabules, prêchaient dans les églises, dans les maisons particulières, dans la ville et dans les faubourgs, faisaient du scandale dans les temples orthodoxes : comme on les savait bien en cour, nul ne s'opposait à leurs agissements. Dans le couvent qu'il avait bâti sur un terrain donné par l'impératrice, Zooras édifiait tout le monde par sa foi, son humilité, sa charité ; chaque jour, pour participer aux aumônes qu'il distribuait, les pauvres se pressaient par centaines à la porte de son monastère ; et voyant son crédit au palais, et comment il décidait des affaires les plus graves, les gens du monde, sénateurs et courtisans, ne s'empressaient pas moins à lui marquer leur dévouement. Les femmes surtout étaient pleines d'enthousiasme pour les prédicateurs syriens. A la vérité les

adversaires des monophysites leur reprochaient
d'avoir pour leurs pénitentes de singulières
indulgences, et de les recruter volontiers parmi
des courtisanes, des danseuses, des créatures
perdues de vices, de luxure et d'adultère. En
tout cas, leur popularité parmi les femmes était
considérable, et par elles ils obtenaient de prodigieux succès. Grâce aux intelligences aussi
qu'ils avaient à la cour, grâce à la protection
non déguisée de certains grands personnages
du palais, ils faisaient d'incessants progrès,
surtout dans les hautes classes de la société. On
leur amenait par centaines des enfants à baptiser, et jusque dans l'entourage de Justinien,
des chambellans, des sénateurs se faisaient gloire
de mener dans le monde l'austère et rude existence des solitaires syriens. Pour atteindre au
degré de leur sainteté, le grand chambellan
Théodore distribuait toute sa fortune en aumônes, heureux de se réduire à la pauvreté ; le
comte Tribonius, ses devoirs à la cour remplis,
se retirait dans une cellule, et partageait son
temps entre la prière et le soin des misérables ;
et les gens du palais s'efforçaient d'imiter ces
hommes pieux, espérant mériter à la fois la
bienveillance du maître et assurer leur salut
éternel.

Sur ces entrefaites, le patriarche de Constantinople, Épiphane, vint à mourir. Ce fut pour les dissidents l'occasion d'un autre triomphe. Dans le couvent que l'impératrice avait fondé au palais d'Hormisdas, vivait un saint homme, qui s'appelait Anthime. Il avait été évêque de Trébizonde, et les monophysites l'estimaient fort pour sa doctrine, ses mœurs, son mépris des choses du monde, pour le courage surtout avec lequel « il s'était dégagé des liens du mensonge et avait prêché la vraie foi ». Secrètement acquis à la cause des hérétiques, il fut, avec l'appui de Théodora, élevé au trône patriarcal, et il ne tarda pas à subir fortement l'influence de Sévère et à solliciter les conseils d'un homme en qui il voyait un des grands docteurs de l'Église.

Vers le même temps, Timothée, le patriarche d'Alexandrie, mourait. Théodora, qui avait fort aimé cet ardent défenseur de la doctrine monophysite, voulut lui donner un successeur selon son cœur. Entre l'intransigeant Gaïanos, que soutenait l'armée fanatique des moines, et Théodose, elle choisit ce dernier, plus maniable et plus souple ; et comme le parti des exaltés s'obstinait à vouloir Gaïanos, elle agit, selon son habitude, vigoureusement. C'était l'usage à Alexandrie que le patriarche défunt fût veillé sur son lit funèbre par son futur successeur qui, prenant la main droite du mort, se la posait sur la tête, et puis, lui enlevant le pallium de saint Marc, se le passait autour du cou. Malgré l'appui des autorités et la présence d'un émissaire de Théodora, les amis de Gaïanos avaient réussi à empêcher Théodose d'accomplir ce rite de la transmission des pouvoirs. Pour installer le protégé de l'impératrice, il fallut faire donner les troupes, déléguer en Égypte un commissaire extraordinaire, l'eunuque Narsès, chambellan et familier de l'Augusta. On se battit dans les rues pendant plusieurs jours, les femmes elles-mêmes, du haut des toits, prenant part à la bataille ; à la fin, pour apaiser l'émeute, on eut recours à l'incendie. A ce prix, force resta au gouvernement et Théodose monta sur le siège patriarcal.

Par l'intermédiaire de Sévère, Anthime de Constantinople s'empressa d'entrer en relation avec le nouvel évêque d'Alexandrie, et ouvertement, sous le patronage de la basilissa et avec la complicité de l'empereur, les trois patriarches poursuivirent, « dans l'intérêt de la paix », comme ils disaient, une politique favorable aux monophysites. Vainement les moines orthodoxes, gardiens fidèles de la foi catholique, dénonçaient dans des lettres enflammées l'attitude et les progrès des hérétiques ; vainement ils représentaient Sévère comme un païen, serviteur des démons et suspect de pratiques magiques, Pierre d'Apamée comme un débauché, « ayant pour dieu son ventre », et se permettant avec des femmes impudiques de licencieuses familiarités, Zooras comme un fou, Anthime comme un hypocrite. L'empereur faisait la sourde oreille, et au grand scandale des catholiques, l'œuvre de corruption — comme ils disaient — faisait des progrès effrayants.

Malheureusement pour les projets de Théodora, un adversaire imprévu arriva à ce moment à Byzance. C'était le pape Agapit. Envoyé en ambassade à Justinien par le roi des Goths Théodat, et fort honorablement reçu par la cour, il n'avait pas tardé à se préoccuper de la question religieuse, et résolument il avait refusé d'entrer en relation avec l'hérétique Anthime. Vainement l'empereur s'était fâché : « Sois de mon avis, disait-il au pape, ou je t'exile » ; vainement Théodora, plus habile, avait supplié, et par de grandes promesses d'argent, tenté de séduire le pontife. Soutenu par toute l'orthodoxie, Agapit n'avait rien voulu entendre. Et pris entre sa femme et le souverain pontife, le basileus était fort embarrassé, d'autant que, s'il en faut croire la légende, Dieu même se prononçait ouvertement en faveur des monophysites.

Outre la destitution du patriarche, Agapit demandait l'expulsion de Zooras. Justinien avait beau lui faire observer que le moine était un homme terrible, qui ne craignait personne, le pape voulut à toute force faire comparaître devant lui le Syrien, pour l'obliger à se soumettre. Quand l'envoyé pontifical se présenta au couvent du bienheureux, il trouva les portes closes, et Zooras fit répondre que c'était l'époque du grand jeûne et que la loi divine interdisait de traiter en ce moment n'importe quelle affaire, fût-ce avec l'empereur. « Je n'ai rien de plus à vous dire, ajouta-t-il ; si vous voulez employer la force, c'est votre affaire. » Déconfit, le mandataire revint au palais. L'empereur furieux ordonna alors au maître des offices lui-même d'aller, avec un détachement de soldats de la garde, arrêter le bienheureux. Mais au moment où le ministre s'embarquait pour passer la Corne d'Or et gagner le faubourg de Sykæ, un brusque coup de vent rejette son navire au rivage. Il repart ; au moment de débarquer sur l'autre bord, un fantôme gigantesque se dresse et repousse d'un coup de pied le vaisseau au milieu des flots. Exaspéré, le maître des offices injurie les matelots ; ils forcent de rames. Tout à coup la foudre tombe sur le bâtiment et fait sauter le pont d'un bout à l'autre. On comprit alors que Dieu même combattait pour Zooras, et s'enfuyant en toute hâte, les mandataires de Justinien allèrent apporter la nouvelle au basileus stupéfait.

La Providence mit moins de zèle à défendre Anthime. L'empereur, après une courte résistance, le sacrifia aux exigences du représentant autorisé de l'orthodoxie. Le patriarche fut déposé, et à sa place Agapit consacra le prêtre Ménas.

C'était un beau succès. Le pape n'en jouit guère. Moins d'un mois après, il mourait subitement. Selon l'usage des partis, les catholiques prétendirent qu'il était tombé victime des incantations magiques de ses adversaires ; les monophysites se réjouirent de sa mort comme d'un juste châtiment de Dieu. Et reprenant courage, toujours sûrs de l'appui de Théodora, ils recommencèrent leur propagande avec une fougueuse ardeur. Publiquement, à la fête de Pâques, Zooras ne craignit point de donner le baptême à un grand nombre d'enfants appartenant aux premières familles de la cour ; et dans leur exaltation, les dissidents allèrent jusqu'à insulter ouvertement l'empereur même, qu'ils accusaient de les avoir trahis. Un énergumène, Isaac le

Perse, osa frapper de son bâton une image impériale et lui crever les yeux. L'effervescence était grande dans la capitale, et on pouvait redouter que les partis n'en vinssent aux mains.

Dans cette crise, Ménas, le nouveau patriarche, fit preuve de décision. Au mois de mai de l'année 536, dans l'église de la Vierge voisine de Sainte-Sophie, un concile se rassembla sous sa présidence pour poursuivre l'exécution des sentences d'Agapit. Pendant plusieurs jours, devant les évêques assemblés, défilèrent les chefs et les représentants des monastères orthodoxes de la capitale, des saintes communautés de la Syrie, de la Palestine et du Sinaï. Pendant plusieurs jours, on donna lecture aux Pères des suppliques par lesquelles, avec preuves à l'appui, ces gardiens austères de la foi catholique dénonçaient au pape ou à l'empereur Anthime et Sévère, Zooras et Pierre d'Apamée. Seuls, les accusés faisaient défaut. Pendant trois jours, les mandataires du concile cherchèrent Anthime par tout Constantinople ; ils se présentèrent tour à tour à Sainte-Sophie et au patriarcat, aux églises où le prélat aurait pu chercher asile, au couvent de Saint-Serge où l'on soupçonnait ses partisans de le cacher, et jusque dans le Palais Sacré même, à l'oratoire de Saint-Michel-

Archange, où on disait qu'on l'avait aperçu. Partout ils trouvèrent des portes closes, ou des gens prêts à jurer qu'ils avaient vu le patriarche, mais qu'ils ne savaient point ce qu'il était devenu. Et fort empêchés, les émissaires du concile interrogeaient jusqu'aux enfants des rues, pour avoir des nouvelles de l'introuvable accusé.

Théodora aurait pu renseigner les évêques. Par ses soins, Anthime avait trouvé une sûre et discrète retraite dans le gynécée même du palais impérial ; par sa protection aussi, les autres accusés purent également s'abstenir de comparaître. Le synode ne s'arrêta pas pour si peu ; en bonne forme, il anathématisa Anthime, Sévère, Pierre d'Apamée, Zooras, condamna leurs écrits, déclara leurs personnes déchues de toutes dignités ecclésiastiques, raya leurs noms du nombre des catholiques. Après quoi, leur œuvre achevée, les Pères psalmodièrent, avant de se séparer, les acclamations rituelles : « Longues années à l'empereur ! longues années au patriarche ! Anathème sur Pierre, sur Zooras, sur Sévère, anathème sur les ennemis de Dieu ! Nous avons un empereur chrétien : pourquoi craindre ? Renversons la tanière de Zooras ! au feu les cavernes des hérétiques ! sus aux monastères de Pierre ! Nous avons un empereur orthodoxe :

pourquoi craindre ? Anathème à Sévère, à Pierre, à Zooras ! La foi des chrétiens triomphe. »

Trois mois plus tard, Justinien, pleinement revenu à l'orthodoxie et docilement soumis à l'influence du nonce pontifical Pélage, sanctionnait par une ordonnance impériale les sentences du concile. Défense était faite à Anthime, à Sévère et à leurs partisans de séjourner à Constantinople ou dans toute autre grande ville de l'empire ; défense était faite à tous de les recevoir et de leur donner asile, sous peine de confiscation. Leurs livres furent proscrits, et interdiction fut faite d'en prendre des copies, sous peine d'avoir la main coupée ; la prédication leur fut interdite, et de même l'administration du baptême et de la communion. Ainsi Justinien se flattait de rétablir la paix dans l'Eglise et d'assurer la prospérité de l'Etat.

Théodora avait trop présumé de ses forces et de son influence sur l'empereur ; contre le pape et l'orthodoxie, ses efforts s'étaient brisés. Tout ce qu'elle put faire, fut de sauver ses amis. On sait comment elle cacha Anthime. De même elle fournit à Sévère les moyens de fuir, et le patriarche d'Antioche put aller en Egypte achever paisiblement sa longue et laborieuse carrière. Zooras fut exilé en Thrace, et devant la persé-

cution menaçante, tous ceux, clercs, moines,
séculiers, qu'avait attirés en foule à Byzance
l'espoir de la victoire, se dispersèrent, désespé-
rés, justement inquiets de l'avenir. Bientôt, en
effet, en Syrie, de nouveaux bûchers s'allumè-
rent et, sous l'énergique impulsion d'Ephrem, le
patriarche d'Antioche, et de ses évêques, avec le
concours empressé de l'autorité séculière, les
monastères furent fermés, les prédicateurs emprisonnés ou mis à mort, le peuple des fidèles
monophysites réduit à la misère. L'Egypte elle-
même fut atteinte par la réaction. Le patriarche
Théodose, l'ami d'Anthime et de Sévère, fut
mandé à Constantinople, invité à se démettre,
exilé en Thrace avec son clergé, remplacé à
Alexandrie par un prélat capable de faire, fût-ce
par la terreur, plier toutes les résistances. En
peu de temps, dans l'empire tout entier, on ne
compta plus que trois sièges épiscopaux occupés
par des dissidents.

Théodora n'était point femme à rester sur cet
échec. Elle avait dû céder devant les circonstances, assister impuissante à la ruine de ses amis
et au triomphe de la papauté : avec une audacieuse et souple habileté elle chercha sa revanche. Pendant que le concile de 536 fulminait de
stériles anathèmes, elle profitait de la mort

d'Agapit pour chercher à mettre sur le trône pontifical un pape de son choix. Pendant que, sous l'influence du nonce romain Pélage, la dernière citadelle des monophysites, l'Egypte, semblait réduite à merci, à Constantinople, au palais impérial même, patiemment l'impératrice préparait la restauration de l'Eglise persécutée.

III

FIGURES DE MOINES ET D'APOTRES

Au temps où, de tout l'Orient, affluaient à
Constantinople les moines monophysites persécutés par les orthodoxes, Théodora, désireuse
de leur offrir asile et de leur donner une marque
éclatante de sa protection, ne crut pouvoir mieux
faire que de les recueillir au Palais Sacré.

Le palais d'Hormisdas était une des dépen-
dances de la résidence impériale. Situé sur le
rivage de la mer de Marmara, il avait servi d'habitation à Justinien, alors qu'il n'était encore
qu'héritier présomptif de l'empire. Monté sur le
trône, le prince avait tenu à conserver cette demeure de sa jeunesse, et l'ayant fait magnifique-
ment restaurer, il l'avait comprise dans l'enceinte

agrandie du palais. C'est de cette maison que
Théodora fit choix pour y installer ses amis et
elle n'eut point de peine à l'obtenir de la complaisance de son mari. Justinien n'était point
fâché au reste d'avoir ainsi sous sa main et sous
la surveillance directe de sa police les chefs les
plus notables de l'opposition monophysite.

Par les soins de la basilissa, l'antique palais
d'Hormisdas se transforma donc, comme écrit
un contemporain, « en un grand et merveilleux
désert de moines ». Dans les appartements on
aménagea des cellules ; de l'une des grandes
salles on fit une église, d'une autre un réfectoire.
Pour les plus âgés ou les plus illustres des religieux, pour ceux que recommandait une particulière sainteté, anachorètes et reclus expulsés
de leurs ermitages, stylites contraints à descendre de leurs colonnes, on construisit, dans les
cours et sous les portiques, des cabanes de bois,
couvertes de nattes ou de toiles, où ils purent
vivre à part dans la méditation et la prière ; à la
masse des frères on assigna une vaste maison
où, sous la direction d'un abbé, ils pratiquèrent
en commun la vie cénobitique. Plus de cinq cents
moines, originaires des pays les plus divers,
parlant les langues les plus variées, furent ainsi
rassemblés en une pieuse communauté ; et tout

le long du jour, dans les corridors, les cours, les salles du somptueux palais, on n'entendit plus que le murmure des prières et la psalmodie des chants sacrés, on ne vit plus que de vieux moines à barbe blanche, prosternés au pied des autels, s'efforçant par leurs veilles, leurs austérités, leurs jeûnes, de mériter le salut éternel.

Bientôt, par leur sainteté, les Syriens furent populaires dans la capitale. On s'était étonné d'abord de leurs étrangetés ; on arriva bien vite à les admirer. Par milliers les fidèles accoururent au monastère, curieux de ce spectacle imprévu, ou désireux de recevoir la bénédiction des bienheureux ; et les partisans mêmes du concile de Chalcédoine, surpris et charmés, sentaient peu à peu le remords et le repentir pénétrer leurs âmes, et beaucoup d'entre eux, touchés des vertus des solitaires, se convertissaient à la doctrine monophysite. L'ardente Théodora surtout ne se lassait point de visiter ses protégés. Tous les deux ou trois jours, pieusement, elle venait s'agenouiller aux pieds des cénobites, sollicitait leurs bénédictions et leurs prières, leur distribuait de magnifiques aumônes. Elle finit même par décider Justinien, malgré ses préventions, à l'accompagner ; et l'empereur, lui aussi, saisi d'admiration, fut si profondément édifié des con versations qu'il eut avec les moines, qu'il voulut, comme sa femme, les honorer et les protéger.

Naturellement, dans cet enthousiasme universel, des miracles se produisirent promptement, qui accrurent encore à Byzance la réputation de la pieuse communauté. Un jour, dans la chapelle, les fidèles se pressaient en grand nombre pour recevoir la communion ; comme d'habitude, il y avait beaucoup de femmes et d'enfants dans l'assistance. Tout à coup un grand craquement se fait entendre ; sous le poids de la foule trop compacte, l'édifice s'écroule, ensevelissant des centaines de victimes. De partout montent les gémissements, les cris de terreur et de deuil ; le bruit en parvient jusqu'au Palais Sacré, et bientôt par la ville entière se répand la nouvelle de la terrible catastrophe. Mais Dieu, en sa miséricorde, veillait sur ses élus. Après un court moment de stupeur, tous les assistants se relevèrent intacts, sans une blessure, sans une contusion, louant et célébrant le Seigneur qui les avait sauvés d'une mort certaine. Devant ce miracle éclatant, les souverains, les grands, la ville entière, honorèrent davantage encore les bienheureux, et Justinien lui-même tint à honneur de faire reconstruire à ses frais le bâtiment qui s'était effondré.

Pendant les dures années qui suivirent le concile de 536, alors que dans tout l'empire la persécution faisait rage, le monastère monophysite de Saint-Serge — c'est sous ce vocable qu'il avait été consacré — dut à la protection de l'impératrice d'échapper à la tempête. A la vérité, les moines étaient un peu prisonniers dans leur retraite ; il leur fallait, pour quitter la capitale, et même pour sortir en ville, l'autorisation du gouvernement. Néanmoins l'influence qu'ils exerçaient autour d'eux était considérable, et bien qu'avec le temps le nombre des cénobites ait diminué, une partie d'entre eux ayant eu permission de retourner dans leur pays natal, pourtant, aussi longtemps que vécut Théodora, le couvent prospéra ; et après la mort même de la basilissa, Justinien, en souvenir de sa femme, lui conserva sa protection.

Vers le même temps, également grâce à l'appui de l'impératrice, une autre communauté monophysite se maintenait aux portes de la capitale. Au faubourg de Sykæ, sur la rive orientale de la Corne d'Or, s'élevait, en face de l'église et du palais de Saint-Mamas, le monastère des Syriens. Il avait été fondé sur un terrain donné par Théodora au moine Zooras, et beaucoup de dissidents qui venaient dans la capitale avaient trouvé là la sécurité et la paix. Sur un terrain avoisinant, le pieux Maras avait établi un cimetière pour ses coreligionnaires, et un grand nombre d'hommes illustres du parti avaient été ensevelis dans ce sol consacré. Devenu ainsi comme un lieu saint du monophysisme, le couvent était florissant; son chef, l'abbé Jean, un moine originaire d'Amida en Mésopotamie, était fort en faveur chez l'impératrice, et même chez l'empereur, qui, en faveur de son zèle à dénoncer et à combattre le paganisme, consentait à lui pardonner ses croyances hérétiques. Dans cette sûre retraite peu à peu allaient se rassembler toutes les notabilités du parti, qui trouva là promptement son centre d'action et de propagande.

Ainsi, malgré les édits, malgré les défenses de la loi et les fureurs de la persécution, Théodora soutenait et protégeait ses amis. Partout aux monophysites elle préparait des asiles. Dans l'île de Chios elle fondait, pour les évêques expulsés et les moines proscrits, une maison de refuge, à côté du tombeau du saint martyr Isidore. A Derkos, sur le Pont-Euxin, où elle avait dû, au moment de la crise de 536, laisser exiler d'abord le moine Zooras, puis le patriarche Théodose et son clergé, elle n'épargnait rien pour adoucir la demi-captivité de ses partisans.

Non contente de subvenir libéralement à leurs besoins, elle encourageait discrètement leur propagande, faisait en sorte de laisser parvenir jusqu'à eux les nombreux fidèles qui venaient auprès de leurs pasteurs chercher secours et consolation ; surtout elle s'appliquait à leur ménager les moyens de rentrer bientôt dans la capitale, afin de grouper autour d'elle et d'organiser toutes les forces du parti.

Tandis qu'en effet les populations orientales, malgré la persécution, malgré l'exil ou la mort de leurs prêtres, s'obstinaient dans leurs croyances, les grands chefs de la secte avaient fort habilement compris que du palais seul pouvait venir la restauration de leur Église et que tout leur effort devait se porter à Constantinople, pour « adoucir l'empereur, comme dit un chroniqueur, et enflammer le zèle de l'impératrice à l'égard des fidèles ». Ceux-là, c'étaient les politiques. Se tenant pour le moment dans une prudente réserve, ils affectaient de respecter les ordres du gouvernement, ne faisant point de propagande trop active, évitant de prêcher ou d'ordonner des prêtres; ils comptaient sur le temps et sur Théodora. Mais leur attitude trop adroite ne plaisait pas à tous leurs coreligionnaires : il y avait parmi les monophysites des enthousiastes et des fanatiques, et ceux-là donnaient fort à faire à la sollicitude de la souveraine.

Parmi les hommes les plus ardents du parti intransigeant, était Jean, jadis évêque de Memphis en Egypte. Il avait suivi dans son exil le patriarche Théodose, mais son âme énergique et passionnée, avide des gloires du martyre, n'avait pas tardé à se lasser de la vie trop calme, à son gré, et trop prudente qu'on menait à Derkos. « On nous appelle, disait-il souvent, les pasteurs de l'Eglise de Dieu, et cependant nous laissons déchirer ses brebis par les loups. Nous restons chez nous, bien tranquilles, quand nous devrions mourir pour notre foi. » Il s'attristait de voir autour de lui les évêques refuser, par crainte du gouvernement, les secours de la religion aux fidèles accourus de si loin jusqu'à eux. « Par le Dieu vivant, disait-il encore, je ne sais ce qui me retient d'aller, en présence de tous, dans la Grande Eglise ou sur le forum de la capitale, faire des consécrations. » Il finit par obtenir, sous prétexte qu'il était malade, l'autorisation d'aller à Constantinople pour consulter les médecins. Fort bien reçu par l'impératrice, qui s'occupa elle-même de son logement et de son entretien, il commença bientôt à prêcher fort

librement, relevant les autels et instruisant les
fidèles. Les politiques de la secte, un peu inquiets
de ce zèle intempérant, trouvaient que Jean se
jetait « dans la gueule du lion » et qu'il allait par
sa folle ardeur compromettre gravement le parti ;
et comme l'Egyptien ne voulait rien entendre et
déclarait dédaigneusement que la gueule des lions
se ferme par la parole de Dieu, ils demandèrent
au patriarche de le rappeler à Derkos. Théodose,
secrètement enchanté de l'œuvre de son disciple,
se tira d'affaire en disant que l'impératrice était
au courant des intentions de Jean et qu'elle lui
avait fait bon accueil. On se retourna alors vers
Théodora. Les évêques monophysites la suppliè-
rent d'éloigner l'Egyptien de la capitale, et pensant en cela être agréable au bienheureux, elle y
consentit volontiers. Mais quand on vint, au nom
de la basilissa, dire à Jean qu'il eût à partir sans
délai, sous peine de mort, le bienheureux, avec
son habituel courage, courut tout droit au palais,
et dès qu'il fut devant la souveraine, violemment
il se mit à lui reprocher de s'accorder avec Justinien pour contrister l'Eglise de Dieu. Et comme
Théodora n'y comprenait rien : « Ne m'as-tu pas
fait dire de quitter la ville ? repartit le saint
homme. N'as-tu pas ordonné de me tuer ? Que
te faut-il davantage ? » On s'expliqua : l'impéra-

trice, fort mécontente de ses infidèles mandataires, ne consentit à leur pardonner que sur la prière du bienheureux. Toutefois, elle aussi s'efforça de calmer un peu l'excès de son zèle : « Aie soin, lui dit-elle, de rester au palais, de crainte qu'il ne t'arrive malheur ; conduis-toi tranquillement, comme font tes camarades, et ne consacre point de prêtres dans la capitale. » Jean était adroit ; il savait qu'il est de pieux mensonges : « Je n'en ai nul désir, fit-il ; si je suis venu ici, c'est uniquement pour te demander la permission de passer trente ou quarante jours paisiblement dans une maison de campagne, car je suis fort malade. » Enchantée, Théodora lui accorda ce qu'il voulait. Mais Jean profita de cette permission de s'absenter pour aller prêcher en Asie Mineure ; déguisé en mendiant, il parvint jusqu'à Tarse, et obtint de grands succès. Cependant les orthodoxes s'inquiétaient de ses agissements ; les évêques envoyaient à Justinien des lettres assez vives, où ils annonçaient qu'un évêque hérétique, échappé de la capitale, troublait tout le pays. Cette fois encore, par son adresse, le saint sut se tirer d'affaire. Revenu en hâte à Byzance, il s'empressa d'écrire à Théodora quels regrets il avait de n'avoir pu depuis si longtemps aller la saluer, mais sa mauvaise

santé l'avait durant tout ce temps empêché de
sortir de chez lui. Aussi, quand de l'enquête
ouverte il sembla résulter que l'évêque incriminé
pourrait bien être Jean l'Egyptien, Théodora
elle-même se porta garante que le saint n'avait
pas quitté la maison de campagne où elle lui avait
permis de se retirer ; et comme on l'y trouva en
effet, les dénonciateurs en furent pour leur courte
honte. A plusieurs reprises, par des ingéniosités
de cette sorte, Jean put recommencer son œuvre
d'évangélisation. Prévenus d'avance de son passage, les fidèles se rassemblaient au rendez-vous
indiqué ; la nuit, en grand secret, tandis que des
sentinelles veillaient sur la sécurité de la sainte
assemblée, l'évêque donnait la communion, ordonnait des prêtres, encourageait les fidèles ; et
quand les orthodoxes étaient avertis de son arrivée, il était déjà loin. Dans la capitale, son activité n'était pas moins grande, et les politiques
eux-mêmes avaient fini par s'incliner devant
l'admirable courage et le zèle infatigable du
bienheureux.

Entre temps, par d'autres moyens, ils pour-
suivaient leur œuvre. Grâce à l'impératrice,
Théodose et ses amis avaient été rappelés à
Constantinople, et bientôt la maison de l'ancien
patriarche devint le centre de direction du parti.

Chez lui se rencontrait tout ce que la secte comptait d'hommes actifs et énergiques. A côté des vieux lutteurs tels que Zooras ou Pierre d'Apamée, on y trouvait des hommes comme Julien, le futur apôtre de la Nubie, comme Théodore, le futur évêque des Arabes, comme Sergius de Tella, le futur patriarche d'Antioche, et son ami Jacques Baradée, qui devait occuper le siège d'Edesse et reconstituer l'Eglise monophysite, d'autres encore, Jean, l'abbé du monastère des Syriens, qui fut plus tard évêque d'Ephèse, et Constantin, qui fut évêque de Laodicée. Ouvertement protégés par Théodora, qui connaissait depuis longtemps la plupart d'entre eux, ils trouvaient bon accueil à la cour ; sans cesse la basilissa les recommandait, souvent elle les imposait à l'empereur ; et de nouveau les catholiques se plaignaient que les monophysites, par leur perfidie, eussent infecté le palais et la plus grande partie de la capitale.

Bientôt ils firent plus. La persécution orthodoxe avait balayé de leurs sièges la plupart des évêques dissidents, et le gouvernement veillait fort attentivement à empêcher le recrutement du clergé schismatique. Ce qui importait donc pardessus tout, c'était de rendre des chefs aux fidèles : malgré les précautions prises contre eux, les monophysites, avec la complicité de l'impératrice, y réussirent. L'occasion se rencontra en 543. Harith le Ghassanide, prince des tribus arabes du désert de Syrie, fit demander à Théodora de lui envoyer deux ou trois évêques pour entretenir ses sujets dans la foi. Avec empressement, la basilissa chercha ces prêtres parmi ses amis les monophysites, et, chose fort remarquable, elle fit agréer ses choix à Justinien. L'empereur, en effet, assez embarrassé de son clergé dissident, employait volontiers aux missions extérieures le zèle dévorant des prédicateurs schismatiques ; déjà il s'était servi d'eux pour évangéliser les Arabes de l'Yemen et les Abyssins du royaume d'Aksoum, pour conquérir à la foi chrétienne les païens de Nubie et du pays de Blemmyes, et l'on sait comment Théodora avait de toutes ses forces secondé cet apostolat. Les deux souverains se trouvèrent donc aisément d'accord pour prendre parmi les monophysites les évêques que réclamait le prince du désert.

Depuis quinze ans environ, vivait à Constantinople un moine de Tella nommé Jacques Baradée. Fort savant homme, nourri dans les lettres syriaques et grecques, il était plus célèbre encore par ses jeûnes, ses austérités, la simplicité de sa vie et l'excès de sa modestie. Tout

jeune, il avait fait vœu de pauvreté et distribué
toute sa fortune aux misérables ; bien vite il était
devenu fameux par la négligence de son costume,
la rudesse de ses mœurs et par les guérisons
miraculeuses qu'il opérait. Venu plus tard dans
la capitale, et fort bien accueilli par l'impératrice, il avait jugé plus sage de se soustraire aux
dangers du monde ; il s'était enfermé dans une
étroite cellule, ne voulant voir personne, ne parlant à personne, et d'autant plus admiré de tous.
Harith le Ghassanide, qui avait eu l'occasion de
le rencontrer et d'apprécier sa prophétique clair-
voyance, le tenait en particulière estime. Théodora, qui le connaissait bien, éprouvait pour
lui une vive sympathie. C'est de ce méditatif,
de ce solitaire, de cet ascète qu'elle fit choix
pour évangéliser les Arabes et reconstituer l'E-
glise monophysite. L'événement allait montrer
qu'elle ne s'était point trompée.

Sur les conseils de la basilissa, Théodose dé-
signa Jacques pour le siège d'Edesse et nomma
au siège de Bostra un autre moine de son entourage, l'Arabe Théodore. Malgré leur répu-
gnance, tous deux durent céder devant la volonté
formelle de Théodora, et rentrer dans cette vie
active qu'ils avaient espéré quitter. Sacrés évêques par l'ancien patriarche d'Alexandrie, ils

partirent pour leurs diocèses. Mais, outre leur mission officielle, les deux apôtres avaient reçu des instructions secrètes. Avec l'agrément de la souveraine, Théodose les avait autorisés, dans toute l'étendue des pays soumis à leur juridiction, à ordonner des prêtres, à créer des évêques, à reconstituer en un mot le clergé monophysite en Orient. Comme champ d'action, il avait, bien au delà des étroites limites de leurs diocèses, assigné à Théodore toute l'Arabie, la Palestine et le désert, à Jacques Baradée la Syrie et l'Asie Mineure tout entière. L'impératrice, d'accord avec le patriarche, encourageait cette propagande et promettait de mettre son influence au service des deux prélats.

En quelques années, Jacques Baradée, par son énergie, son zèle, son courage, reconstitua vraiment l'Eglise monophysite. Reprenant l'œuvre qu'avaient entreprise dans les provinces asiatiques Jean de Tella d'abord, et après lui Jean l'Egyptien, il parcourut, souvent se cachant sous l'habit d'un mendiant, la Syrie, l'Arménie, la Cappadoce, la Cilicie, l'Isaurie, la Pamphylie, l'Asie et les îles, Rhodes, Chypre, Chios, Mytilène, prêchant et instruisant, ordonnant des prêtres pour les communautés nouvelles, organisant des diocèses et y nommant des évêques, «répandant, selon le mot du chroniqueur, comme de grands fleuves de sacerdoce par tout l'empire romain ». Vainement, effrayés de l'agitation que provoquait l'apôtre, les prélats orthodoxes s'efforçaient de faire arrêter Jacques ; vainement Justinien, sur leur demande, mettait sa tête à prix ; le saint déjouait toutes les intrigues de ses persécuteurs et continuait à marcher « dans le chemin de la justice ». Toujours à pied, menant partout une existence d'ascète, on le trouvait tantôt à Constantinople, tantôt en Asie, tantôt à Alexandrie, toujours infatigable, toujours insaisissable. Ses amis étaient persuadés que Dieu lui-même le protégeait et obscurcissait l'esprit de ses ennemis, et l'on racontait dans les cercles monophysites, non sans quelque ironie, comment plus d'une fois les cavaliers du gouvernement lui avaient demandé à lui-même : « N'avez-vous point entendu dire que Jacques l'imposteur fût en tel endroit ? » et comment il s'était moqué d'eux en leur répondant : « Oui, on m'a dit en effet qu'il circule dans tel district, — et il leur indiquait une direction tout opposée à celle qu'il pensait suivre, — si vous pressez un peu vos chevaux, vous le rejoindrez assurément. »

L'amitié de Théodora et l'habileté de ses coreligionnaires dans la capitale protégeaient l'apô-

tre plus sûrement encore. Comme la loi canoni-
que exigeait, pour que la consécration d'un
évêque fût valable, la présence de trois de ses
collègues, Jacques, sur le conseil du patriarche
Théodose, avait commencé par se rendre à
Alexandrie ; il y trouva sans peine des prélats
qui, sur l'ordre de leur ancien métropolitain,
conférèrent volontiers l'épiscopat à deux des
compagnons du saint. Avec leur concours,
Baradée, à son tour, ordonna d'autres évêques
pour les principales villes de Syrie et d'Asie.
En même temps, les prélats retenus à Constantinople sacraient douze évêques pour l'Égypte et
la Thébaïde, et à la tête du patriarcat d'Antioche,
vacant depuis la mort de Sévère, ils nommaient
un ami de Jacques, le savant et pieux Sergius de
Tella. Ainsi, tout un épiscopat non officiel se
constituait pour diriger la nouvelle Église, qui de
son grand instituteur devait garder le nom de
jacobite. Fort adroitement, en outre, pour favoriser l'action de ses protégés, Théodora avait
trouvé moyen de faire donner à plusieurs d'entre
eux des commissions officielles par le gouvernement lui-même. C'est ainsi que Jean, nommé en
secret évêque monophysite d'Éphèse, fut envoyé
par Justinien en Carie, en Lydie et en Phrygie,
pour y combattre le paganisme. Il fit conscien-

cieusement son œuvre et mérita par son zèle
d'être appelé « le destructeur des idoles et le
marteau des païens » ; mais il servit mieux
encore la secte à laquelle il appartenait et couvrit son diocèse d'églises et de monastères monophysites.

Deux patriarches, vingt-sept évêques consacrés, plus de cent mille prêtres et diacres ordon-
nés, tels furent en quelques années les résultats
de l'apostolat de Jacques Baradée. Sa foi faisait
des miracles ; il chassait les démons, ressuscitait
les morts, prédisait l'avenir ; sa renommée,
« comme un parfum délicat », se répandait à
travers le monde et bien au delà des frontières
de l'empire. Grâce à son activité, la plus grande
partie de l'Orient était maintenant revenue à ce
que tous appelaient justement « la foi du bienheureux Jacques et de Théodose », et en dehors
même de la monarchie, en Perse, en Arabie, en
Abyssinie, en Nubie, des églises puissantes con-
fessaient la croyance monophysite. Théodora,
qui de tout temps s'était faite la protectrice de
ces chrétientés lointaines, qui toute sa vie avait
énergiquement travaillé au triomphe du monophysisme, pouvait être fière de son œuvre. Le
moine obscur qu'elle avait jadis vu en songe
abreuvant d'eaux vives la foule des Romains,

le pieux solitaire qu'elle avait jadis accueilli à Constantinople et en qui elle avait eu foi, avait largement rempli son espérance. Elle put, quand elle mourut, voyant les succès croissants de l'apostolat de Jacques, croire que le rêve de sa politique religieuse était réalisé. Si, aujourd'hui encore, en Égypte et en Syrie, l'Église jacobite existe, la gloire en appartient tout entière à Jacques Baradée et à Théodora.

IV

LE PAPE ET L'IMPÉRATRICE

Lorsque, en 536, le pape Agapit mourut brusquement à Constantinople, Théodora conçut l'audacieux projet de mettre à profit la vacance imprévue du siège pontifical. Depuis quelques années vivait à Byzance, comme nonce apostolique, un diacre nommé Vigile. C'était une âme ambitieuse, dépourvue de scrupules, capable pour parvenir de bien des faiblesses et de bien des compromis. Issu d'une grande famille sénatoriale, il avait une fois déjà tenté de monter dans la chaire de saint Pierre, et s'était fait, dans ce but, adopter par Boniface II comme son successeur. Obligé, devant l'opposition du clergé romain, de renoncer à ses espérances, il s'était tourné vers les Byzantins, et il avait employé sa mission diplomatique dans la capitale à se pousser fort adroitement dans la faveur de Théodora. Quand la basilissa, furieuse d'avoir dû céder aux exigences d'Agapit, songea, pour trouver sa revanche, à faire un pape de son choix, disposé à transiger avec les monophysites, Vigile, bien en cour, et dont l'ambition semblait garantir la docilité, parut l'homme qu'il fallait pour servir les entreprises de la souveraine.

Vigile et Théodora n'eurent point de peine à s'entendre. La basilissa offrit au nonce la succession d'Agapit ; il promit en retour qu'il serait sur le siège pontifical l'instrument tout dévoué des volontés de l'impératrice. On raconta même, plus tard, qu'en échange de la protection byzantine, il s'engagea plus formellement encore : il promit de renier le concile de Chalcédoine, de rétablir Anthime, d'écrire aux grands chefs du monophysisme, Théodose et Sévère, pour leur manifester son entière conformité de vues avec eux ; on raconta aussi que, pour prix des services qu'elle attendait de lui, Théodora fit compter à Vigile une forte somme d'argent. « Pour qui a étudié le caractère de Vigile, a dit un fort pénétrant historien, aucune stipulation ne saurait être écartée par la question préalable. Il était capable de tout promettre, ou du moins de tout laisser espérer. » Ce qui est sûr, c'est qu'il partit en toute hâte pour Rome, emportant des lettres pour Bélisaire et sa femme Antonine, et que ces lettres traçaient au général son devoir en des termes qui ne souffraient point d'objection. Visiblement, dans la nomination du nouveau pape, Justinien s'était résolu à laisser carte blanche à Théodora, désireux de lui offrir cette compensation à l'échec qu'elle venait d'éprouver, et peut-être aussi secrètement satisfait d'une solution qui rétablirait l'unité dans l'Eglise, en mettant le pontife romain d'accord avec les Orientaux.

Pendant que ce pacte se négociait à Byzance, les événements marchaient dans la ville éternelle. Quoique à cette date Bélisaire eût déjà débarqué en Italie, Rome était encore aux mains des Ostrogoths. Le roi Théodat, sentant d'instinct quelle importance il y avait, dans ces conjonctures, à s'assurer du souverain pontificat, avait fait nommer en toute hâte un successeur à Agapit et désigné aux suffrages le diacre Silvère, qu'il supposait dévoué à ses intérêts. Lorsque Vigile arriva en Italie, la place qu'il convoitait était prise ; pour l'asseoir dans la chaire de saint Pierre, conformément au vœu de Théodora, il fallait d'abord en faire descendre Silvère. Chose grave et d'autant plus malaisée que, pour se faire bien venir à Constantinople, le nouveau pape avait eu pour premier soin d'appeler à grands cris les Impériaux dans la ville éternelle et de livrer en décembre 536 Rome à Bélisaire.

Vigile était fort déçu ; Théodora était peu satisfaite. Elle tenta toutefois, indifférente au fond sur la question de personne, d'obtenir de Silvère ce qu'elle avait espéré de Vigile, et elle lui fit demander de rétablir Anthime sur le trône patriarcal. Energiquement, le pontife refusa. L'impératrice alors se décida à agir. Des ordres formels furent envoyés à Bélisaire, lui enjoignant de déposer Silvère et de faire élever Vigile à sa place. Le patrice hésitait, assez ennuyé de la répugnante besogne qu'on lui proposait ; mais auprès de lui, Antonine, très désireuse d'être agréable à Théodora, combattait ses scrupules, et pour en triompher, l'ambitieux Vigile, s'agitant autour du général, employait, dit-on, des arguments non moins décisifs. Il promit de l'argent au patrice, et comme il n'était point sans péril au reste de contrecarrer les volontés de la basilissa, Bélisaire finit par se prêter au complot ourdi contre le malheureux Silvère.

A ce moment même les Ostrogoths, sous les ordres du roi Vitigès, venaient de reprendre l'offen-

sive. Une formidable armée assiégeait Rome ; pour
la défendre, Bélisaire avait cinq mille hommes
à peine, retranchés derrière des remparts mal
réparés, au milieu d'une population mécontente,
qui souffrait impatiemment les horreurs du siège,
et sur laquelle soufflait parfois un vent de trahison.
Quand on lui apporta donc de prétendues lettres
du pape, par lesquelles le pontife offrait de livrer
au roi des Goths la porte Asinaria, voisine de sa
résidence du Latran, le patrice, d'abord, en fut
quelque peu ému ; mais il s'aperçut vite que ces
pièces à conviction avaient été impudemment
forgées, et, touché de sympathie pour la victime,
il tenta secrètement, d'accord avec Antonine, un
dernier effort auprès de Silvère. Il lui insinua
de faire lui-même à Théodora les concessions
qu'elle attendait de la bonne volonté de Vigile et
d'échapper ainsi au sort qui le menaçait. Courageusement, se souvenant qu'il était le gardien
de l'orthodoxie, Silvère refusa. Les événements
allaient suivre leur cours.

Pour démentir les bruits de trahison qui couraient sur son compte, Silvère avait quitté le
palais du Latran, et il s'était retiré loin des
murs, sur l'Aventin, dans le voisinage de l'église
de Sainte-Sabine. C'est là que Bélisaire l'envoya chercher, lui faisant jurer par son beau-

fils Photius que rien de fâcheux ne lui arriverait. Malgré les craintes de son entourage, qui se défiait des serments des Grecs, Silvère se rendit au palais du Pincio et en effet, cette première entrevue se termina sans violences. Au dernier moment Bélisaire avait hésité. Mais, peu de jours après, derechef le pape fut mandé auprès du général. Cette fois le pontife, inquiet, refusa d'abord de quitter l'église qui lui servait d'asile ; il se décida enfin et, avec une suite nombreuse, il partit, recommandant sa cause à Dieu. Aussitôt arrivé au palais du patrice, Silvère fut séparé de ses compagnons qu'on retint dans les antichambres ; seul avec Vigile, il fut introduit dans les appartements intimes. Un étrange spectacle l'y attendait. Sur un lit de repos, Antonine nonchalamment couchée, semblait une souveraine recevant un sujet ; à ses pieds Bélisaire, amoureusement assis, paraissait un serviteur docile de toutes ses volontés. « Eh bien ! seigneur pape, s'exclama la femme du patrice, que vous avons-nous donc fait, nous et les Romains, pour que vous vouliez nous livrer aux Goths ? » Ce qui se dit ensuite, on l'ignore ; ce qui se fit est certain. Dépouillé de ses ornements sacerdotaux, le pape fut revêtu d'un habit de moine ; puis un serviteur de Bélisaire alla dire aux clercs restés dans l'antichambre : « Le seigneur pape est déposé et fait moine. » Au milieu de la consternation générale, Vigile, dès le lendemain, fut élu pape, sous la pression de l'autorité byzantine. C'était le 29 mars 537.

Le malheureux Silvère, expédié par Bélisaire en Lycie, ne devait jamais revoir la ville éternelle. Un instant, Justinien, épouvanté de la grandeur du forfait accompli contre le pontife, avait songé à lui faire faire un procès régulier et à le rétablir sur son siège, s'il était reconnu innocent. Malgré Théodora, il avait ordonné de le renvoyer à Rome, et Vigile fort inquiet se demandait déjà ce qui allait advenir. Heureusement Antonine était là ; toujours désireuse de plaire à l'impératrice, elle détermina Bélisaire à livrer aux émissaires de Vigile son infortuné prédécesseur. Relégué dans l'île de Palmaria, réduit « au pain de la tribulation et à l'eau de l'angoisse », Silvère mourut peu après, victime innocente des ambitions de Vigile, des intrigues d'Antonine et de la politique de Théodora.

L'impératrice semblait avoir réussi : elle avait fait un pape à sa dévotion. Mais, une fois installé, Vigile changea d'attitude. Malgré les conseils d'Antonine, malgré les sommations de Bélisaire, il chercha à louvoyer et à différer l'accomplissement de ses promesses. Ses ennemis disent bien qu'il finit par céder et qu'il adressa aux grands chefs du monophysisme, Théodose, Anthime et Sévère, une lettre où il adhérait pleinement à leur doctrine ; mais le document est d'une authenticité bien suspecte, et les professions de foi officielles que le pape adressa à l'empereur et au patriarche Ménas sont au contraire d'une rigoureuse orthodoxie. Aussi bien les circonstances lui fournirent-elles à souhait des prétextes pour ne point s'exécuter. L'Italie, dévastée par la guerre, était dans une situation trop critique pour que le pape ne fût point excusable d'oublier un peu les questions religieuses ; l'attachement de l'Occident au concile de Chalcédoine et à la tradition de saint Léon justifiait d'autre part les ménagements que gardait le pontife. Théodora elle-même semble avoir compris le danger qu'il y aurait à brusquer les choses, et confiante en Vigile, elle attendit, patiemment d'abord, que le moment lui fût propice pour remplir ses promesses. Quant à Justinien, très soumis alors à l'influence du nonce Pélage, grand ami du pape, il n'avait nul désir de favoriser les monophysites. Vigile put donc, sans trop de peine, demeurer, sans se brouiller avec Théodora, fidèle à l'orthodoxie romaine. En somme, malgré les intrigues de l'impératrice, la tentative pour mettre la main sur le siège apostolique avait pleinement échoué.

Théodora pourtant n'était point femme à se laisser jouer impunément : elle le prouvait en ce moment même. Elle avait eu jadis pour favori un certain Arsenios, homme assez taré, et par surcroît appartenant à la secte hérétique des samaritains ; elle l'avait fait riche, sénateur, illustre ; au moment de la révolte des samaritains en Palestine, elle avait même accueilli volontiers ses suggestions contre les chrétiens. Mais depuis lors, Arsenios avait changé de parti ; il s'était converti au christianisme, avait reçu le baptême des mains de saint Sabas, et il apportait un zèle de néophyte à défendre ses nouvelles croyances. A Alexandrie, où il s'était retiré, il pensait plaire à l'empereur en favorisant de toutes ses forces la réaction chalcédonienne qu'avait inaugurée, avec l'appui du gouvernement, le patriarche Paul, successeur de Théodose. Théodora lui gardait naturellement rancune de cette défection : elle le lui fit bien voir. L'opposition monophysite se reformait constamment en Egypte, et sans cesse le patriarche était obligé de sévir. Arsenios fit du zèle : il détermina Rhodon, le préfet augustal, à faire exé-

cuter sans jugement un des adversaires du métropolitain. L'acte était illégal ; les raffinements
de cruauté qui l'avaient accompagné en augmen-
tèrent l'horreur. Avec empressement l'impératrice saisit l'occasion de se venger. Arsenios et
Rhodon furent arrêtés, jugés, exécutés ; leurs
biens furent confisqués. Le patriarche Paul,
malgré ses dénégations, fut impliqué comme
complice dans l'affaire et déposé au synode de
Gaza. La basilissa pouvait être fière de son œuvre : du même coup elle avait fait destituer un
prélat odieux aux monophysites, montré par un
éclatant exemple quel péril il y avait pour les
fonctionnaires à servir trop docilement, même
sur l'ordre de l'empereur, les intérêts de l'orthodoxie, puni enfin un ancien ami devenu un
traître. Vigile allait s'apercevoir de même de la
ténacité de ses haines et combien il était impru-
dent de tromper les espérances de Théodora.

C'était le temps où, par les soins de la basilissa.
l'Eglise monophysite commençait à se reconstituer ; et déjà les prélats de cour, pour plaire à
la souveraine, s'appliquaient à chercher un terrain
d'entente avec les dissidents. L'un d'eux, Théodore Askidas, évêque de Césarée, eut la bonne
fortune de dénicher, parmi les textes approuvés
au concile de Chalcédoine, trois opuscules,

« trois chapitres », comme on disait, notoirement entachés d'hérésie nestorienne et dont les auteurs étaient fort odieux aux monophysites. Très fier de cette découverte, par laquelle il espérait jouer un bon tour à son rival d'influence, le nonce romain Pélage, il en avisa Justinien et flattant la manie théologique de l'empereur, il le supplia d'examiner l'affaire. Il lui représenta en outre qu'il y avait là un moyen, aisé et orthodoxe tout ensemble, de dissiper les défiances des monophysites, et que le concile « renouvelé et épuré » serait sans difficulté accepté de tous. Justinien qui, sous l'influence de Théodora, revenait alors à la politique de conciliation, se laissa séduire ; les dissidents, enchantés de voir compromettre l'œuvre de saint Léon, poussaient tous, même les plus intransigeants, à la nouvelle formule d'union. La querelle des Trois Chapitres commença.

C'est ici que Théodora retrouvait Vigile. Le pape fut invité à donner son adhésion à l'édit par lequel l'empereur avait prononcé la condamnation des textes incriminés, et pour l'y décider, assez brutalement Justinien employa la force. Le 22 novembre 545, comme le pape célébrait la messe dans la basilique de Sainte-Cécile au Transtevère, brusquement l'église fut cernée par les soldats. Le secrétaire impérial à qui obéissait le détachement entra dans le sanctuaire et signifia au pontife qu'il eût à le suivre sans retard. Avant que l'assistance eût pu se reconnaître, Vigile était arrêté et prestement embarqué sur un navire stationné sur le Tibre tout proche. Pendant ce temps la foule grossissait sur la rive. Les fidèles qui avaient suivi le pape poussaient des gémissements et réclamaient à grands cris la bénédiction. Du pont du navire, Vigile prononça sur eux la prière, et pieusement le peuple entier lui répondit : « Amen. » Cependant le fonctionnaire impérial pressait l'appareillage, et bientôt le vaisseau se mit à descendre le fleuve. Alors ce fut un autre concert : la multitude, parmi laquelle beaucoup de gens détestaient le pontife, se mit à le huer, pendant qu'une grêle de projectiles, pierres, bâtons, s'abattaient sur le navire. « Mort sur toi, criait le peuple, malheur à toi ! Tu as fais du mal aux Romains : puisses-tu trouver du mal là où tu vas. » Enfin le navire, poussé par le courant, se trouva hors de portée de ces forcenés ; Vigile put gagner Porto et de là s'embarquer pour Syracuse.

L'imagination populaire fit, dans ce coup de théâtre, une large part à Théodora. On raconte

que c'est elle qui ordonna cet enlèvement :
« Sauf dans la basilique de Saint-Pierre, avait-
elle écrit à son émissaire, arrête Vigile partout
où tu le trouveras et amène-le-nous. Sinon, par
le Dieu vivant, je te fais écorcher.. » Quoi qu'il
en soit de ces commérages, il semble bien que
le pape, craignant sans doute la vengeance de
la souveraine dont il avait trahi les espérances, peu désireux aussi de s'engager dans « le
guêpier théologique » des Trois Chapitres, mit
fort peu d'empressement à se présenter à Constantinople. Il n'y arriva que quatorze mois plus
tard, le 25 janvier 547 ; mais comme il avait eu
entre temps le loisir de réfléchir et de reprendre
courage, comme il se sentait soutenu maintenant
par l'opposition de tout l'Occident, il y apporta
des sentiments très différents de ceux que la
cour attendait. Comme jadis Agapit vis-à-vis
d'Anthime, il refusa d'entrer en rapport avec
le patriarche Ménas, et brutalement il l'excom-
munia avec ses adhérents. Mais bientôt il faiblit :
gêné par le souvenir de ses engagements d'autrefois, cédant aux obsessions du basileus, à
l'énergique volonté de Théodora, flatté aussi des
politesses que lui faisaient les théologiens de la
cour byzantine, il admit la possibilité d'anathématiser les Trois Chapitres. Dès le mois de juin,

pour complaire à l'impératrice, il se réconciliait avec le patriarche ; peu après il fit un pas de plus. On lui prouva qu'il pourrait, sans toucher au concile, condamner les trois chapitres ; et bientôt il ne fut plus aussi sûr d'avoir raison. Sans doute, malgré les menaces, il refusa obstinément de souscrire à l'édit impérial, estimant que le successeur de saint Pierre ne pouvait borner son rôle à ratifier simplement les décisions de l'empereur en matière de foi ; mais il s'engagea formellement, en présence du basileus et de ses ministres, à condamner les trois chapitres et, comme gage de sa promesse, il remit à Justinien et à Théodora deux déclarations expresses revêtues de sa signature. Et tout fier d'avoir résolu toutes les difficultés de la situation, s'enthousiasmant à la pensée de juger une si grande cause, se flattant de rendre par sa sagesse la paix à l'Église, brutalement il ferma la bouche à ceux de ses conseillers qui protestaient, et la veille de Pâques de l'année 548, il publia sa sentence. Tout en réservant formellement l'autorité du concile de Chalcédoine, il condamnait non moins nettement les personnes et les écrits des trois docteurs incriminés. Ce fut le dernier triomphe de Théodora. A la veille de mourir, elle put, voyant l'humiliation du pape et les progrès croissants de l'Eglise monophysite, croire qu'elle avait vengé son échec de 536, puni les trahisons de Vigile, et fait réussir à force de tenace énergie la politique religieuse qu'elle avait rêvée.

L'Eglise n'a pardonné à Théodora ni la brutale déposition de Silvère, ni la fidélité obstinée qu'elle garda au monophysisme, ni la violence autoritaire qu'elle mit à satisfaire ses rancunes contre les personnes ecclésiastiques, et dont Vigile, en particulier, fit la dure expérience. On lui a même — en vertu du vieil axiome, qu'on ne prête qu'aux riches — attribué complaisamment, outre ce qu'elle fit, toutes sortes de choses dont en bonne justice elle ne saurait être rendue responsable, par exemple les durs traitements qui furent infligés à Vigile, et qui sont incontestablement postérieurs à la mort de Théodora. De siècle en siècle, les historiens ecclésiastiques ont couvert son nom de malédictions et d'injures, et il y a quelque chose de presque ridicule dans l'animosité avec laquelle certains d'entre eux dénoncent, dans la femme de Justinien, « une seconde Ève trop docile au serpent, une nouvelle Dalila, une autre Hérodiade altérée du sang des saints, une citoyenne de l'enfer, agitée de l'esprit de Satan, piquée de la mouche du diable, acharnée à rompre la concorde achetée par le sang des confesseurs et des martyrs ». Théodora vaut d'être jugée autrement que par ce flot de vaines paroles. Sans doute elle mit à servir ses desseins trop d'ardeur passionnée, trop de violence autoritaire, trop de rancunes obstinées et implacables, trop de froide cruauté parfois; elle y apporta aussi des qualités éminentes, une fermeté virile, un sentiment très vif des nécessités du gouvernement, une intelligence lucide et puissante d'homme d'Etat. Elle fut constante en ses desseins, fidèle à ses amis, et la politique complexe qu'elle imposa à Justinien en matière religieuse était, malgré ses hésitations et ses revirements, assez digne, tout compte fait, d'un empereur.

V

LA MORT DE THÉODORA

Le 29 juin 548, Théodora mourut d'un cancer,
après une assez longue maladie.

Pour rendre les suprêmes devoirs à l'impératrice morte, une dernière fois, la foule des courtisans et des dignitaires se rassembla autour
d'elle dans les salles du Palais Sacré. Dans le
triclinium des dix-neuf lits, on avait, conformément au cérémonial, exposé le cadavre embaumé
de la souveraine. Sur le lit de parade tout en or,
elle reposait vêtue de pourpre, couronnée du
diadème, les pieds chaussés de rouges brode-
quins ; sur son visage découvert, la mort n'avait
pas encore mis sa marque ; un peu plus pâle
seulement qu'à l'ordinaire, elle semblait dormir

paisiblement. Autour du haut catafalque, sur
lequel étincelaient les joyaux les plus précieux
de la couronne, brûlaient, posés sur des colonnes, des milliers de torchères d'argent et d'or ;
lentement, dans l'air épaissi, montaient parmi
le flamboiement des cierges les vapeurs de
l'encens d'Arabie, le lourd parfum des plantes
balsamiques ; au pied de la couche funèbre, les
eunuques, les cubiculaires, les femmes de la
maison impériale pleuraient lugubrement.

Une dernière fois, devant la souveraine morte,
tout Byzance défila en une procession solennelle.
Le patriarche Ménas, suivi de l'innombrable
clergé de la Grande Église ; le pape Vigile, accompagné des évêques et des moines ; puis le sénat
en habit d'apparat, les patrices, les magistrats,
les grands chefs militaires, la foule des dignitaires du palais et de l'administration ; puis la
longue théorie des femmes, patriciennes à ceinture et magistrissæ, épouses des préfets, des consuls, des questeurs, des comtes des scholes et des
excubiteurs, dames de la cour et servantes de
la chambre, tous vinrent successivement, à l'appel du préposite, rendre un suprême hommage
à la basilissa. A la fin du long cortège, s'avan-
çaient les princes de la famille impériale, et
Justinien lui-même, tout en larmes, accablé de

la grandeur d'une perte qu'il jugeait à bon droit irréparable. A la femme qu'il avait adorée, il apportait, dernier cadeau et suprème souvenir, des bijoux somptueux, des étoffes magnifiques brodées d'or et constellées de pierreries, toute une parure funèbre qui devait accompagner la défunte dans sa tombe, comme un dernier reflet de ce luxe et de ces pompes qu'elle avait tant aimés. Et prenant dans ses bras le cher cadavre inanimé, le vieux basileus, les yeux inondés de pleurs, murmurait de suprèmes adieux à sa Théodora.

Alors, sur un signe du souverain, les porteurs impériaux soulèvent le lit funèbre : et le grand maître des cérémonies, s'approchant du cadavre, répète par trois fois, à très haute voix, les paroles rituelles : « Sors d'ici, basilissa : le Roi des rois, le Seigneur des seigneurs t'appelle. » Et derrière le cercueil, sous les voûtes du palais, une dernière fois, la procession impériale se forme et se déroule. Au dehors, sous les portiques de l'Augustéon, une foule en deuil attend le passage du cortège ; sur les portes, sur les terrasses, aux fenêtres des maisons, des femmes, les cheveux épars, pleurent en silence ou poussent des cris aigus ; dans les rues tendues d'étoffes, jonchées de sable doré, l'encens monte en épais nuages,

et lentement, à travers le flot de peuple qu'attire
la grandeur du spectacle, le cortège funèbre s'a-
vance, magnifique et pompeux. Les chants sacrés
des prêtres, les psalmodies des vierges se mêlent
aux cris de deuil, au bruit des orgues d'argent,
aux clameurs rythmées des factions; des milliers
de cierges ondulent en une procession lumineuse;
et à travers la longue rue de la Mésè, par le Forum de Constantin et la place du Capitole, toute
la cour s'en va, à l'église des Saints-Apôtres, conduire Théodora à son dernier sommeil.

Dans la basilique on célèbre l'office solennel
des morts; et de nouveau le maître des cérémonies, s'approchant du cadavre, lui crie : « Entre
dans ton repos, basilissa : le Roi des rois, le Seigneur des seigneurs t'appelle. » Puis le préposite enlève le diadème d'or, et le remplace par
une bandelette de pourpre; enfin, dans le grand
sarcophage de marbre vert d'Hiérapolis, qu'elle-
même s'est fait préparer dans le Saint-Denis de
la monarchie, on dépose le cercueil d'or qui
enferme les restes de l'impératrice. Et lentement la foule se disperse, et Justinien, écrasé
de douleur, rentre avec sa cour dans son palais
désert.

Quand on apprit dans l'empire la mort de la
redoutable souveraine, tous ceux qui avaient

souffert par elle sentirent renaître leur courage et leurs espérances. Jean de Cappadoce reparut à Constantinople et se flatta de reconquérir la faveur de Justinien ; Artabane, répudiant la femme que lui avait imposée Théodora, crut le moment venu de se venger en conspirant contre l'empereur ; Germanos et ses fils, très excités, jugeaient l'heure opportune pour sortir de la longue disgrâce qu'ils avaient subie ; Antonine même, la protégée et l'amie de Théodora, oubliait sa bienfaitrice et cherchait de nouveaux appuis pour assurer son crédit. Aux yeux de tous, la mort de la basilissa semblait devoir nécessairement entraîner une réaction tout ensemble politique et religieuse ; et déjà les orthodoxes, intriguant chez l'empereur, lui demandaient des rigueurs nouvelles contre les monophysites épouvantés de la mort de leur grande protectrice. Déjà on parlait de purger le Palais Sacré de la présence sacrilège de ces moines qui depuis trop longtemps souillaient le palais d'Hormisdas ; déjà on incitait le prince, puisque l'impératrice était morte, à soumettre par la force à la foi de Chalcédoine ces hérétiques qui avaient surpris les bonnes grâces de la basilissa et osé résister aux ordres de l'empereur.

On comptait sans le profond amour que Justinien gardait à Théodora, sans la longue habitude qu'il avait de suivre ses conseils, sans le soin aussi qu'elle avait pris, avant de mourir, d'expliquer à son époux ses suprêmes désirs et de lui recommander tous ceux qui l'avaient aimée et bien servie. « Désireux, comme dit un contemporain, de se conformer en toutes choses aux volontés de sa femme, même morte », le basileus demeura obstinément fidèle aux conseillers dont elle l'avait entouré et à la politique qu'elle lui avait tracée. Jean de Cappadoce, malgré ses efforts, resta disgracié ; Bélisaire, malgré ses honneurs, fut toujours soupçonné ; Pierre Barsymès et Narsès conservèrent leur faveur ; Antonine, en souvenir de l'amitié de Théodora, garda la confiance du souverain. Germanos, et ses fils à la vérité, rentrèrent en grâce ; mais parmi les princes de la famille impériale, celui qui fut toujours le favori du vieil empereur, ce fut le curopalate Justin, que Théodora avait marié à sa nièce et qu'elle avait désigné pour être l'héritier présomptif de la monarchie.

En matière religieuse, Justinien ne suivit pas moins fidèlement les instructions de Théodora. Lorsque, dans le gynécée impérial, on découvrit le vieux patriarche Anthime, qu'elle y avait recueilli, l'empereur fit grand accueil au prélat hérétique, et à la stupeur de tous, on vit les grands chefs du monophysisme, Anthime, Pierre d'Apamée, Théodose d'Alexandrie, reçus en amis au palais, et le prince chercher avec eux les moyens de rétablir la paix dans l'Eglise. Jusqu'à son dernier jour, Justinien s'efforça de réaliser la politique de conciliation qu'avait rêvée Théodora. Vigile, maltraité, emprisonné, contraint de fuir, dut finalement se résigner à condamner les trois chapitres, que le concile œcuménique de 553 venait d'anathématiser solennellement. Pour ramener les dissidents, l'empereur multiplia les colloques et les conférences ; et si ses efforts demeurèrent finalement inutiles, ils prouvent du moins à quel point il demeurait fidèle aux conseils de Théodora.

Jamais Justinien n'oublia la séduisante créature, la collaboratrice intelligente et hardie que le sort lui avait fait rencontrer. Il voulut, en souvenir d'elle, garder à son service tous ceux qui l'avaient approchée ; jusqu'à son dernier jour, fidèlement, il conserva sa mémoire. Bien des années plus tard, quand il voulait faire une promesse solennelle, il avait coutume de prêter serment par le nom de Théodora, et ceux qui désiraient lui plaire lui rappelaient volontiers « l'excellente, belle et sage souveraine » qui, après avoir été en ce monde sa collaboratrice fidèle, priait maintenant Dieu pour son époux.

Il faut avouer qu'il y a quelque excès dans cette apothéose. Théodora la danseuse n'a point eu précisément les vertus qui mènent tout droit au paradis ; Théodora l'impératrice, malgré sa piété, a eu des défauts et des vices qui s'accommodent mal de l'auréole des saints. Mais le trait valait d'être noté : tant, chez cette grande ambitieuse qui, sous ses hautes qualités d'homme d'Etat, sut rester femme, il montre, jusque par delà la mort même, une incomparable puissance de charme et de séduction.

TABLE DES MATIÈRES

FIN

ÉDITION H. PIAZZA et Cie

PARIS